Walter Homolka
**Krieg und Frieden
im Judentum**

Walter Homolka

Krieg und Frieden im Judentum

Patmos Verlag

Überlegungen des Autors zum Frieden als Schlüsselbegriff jüdischer Theologie erschienen zuerst 1993 in der gemeinsam mit Albert H. Friedlander vorgelegten Publikation »Von der Sintflut ins Paradies«.
Die vorliegende Veröffentlichung ist eine überarbeitete, aktualisierte und erweiterte Neufassung. Für die Unterstützung gilt Hartmut Bomhoff und Dr. Yehuda Oren besonderer Dank.

Zitate aus historischen Übersetzungen ins Deutsche sind behutsam an die aktuell geltende Rechtschreibung angeglichen.

Die Bibel wird zitiert nach der Ausgabe: Die Hebräische Bibel (hebräisch-deutsch) in der revidierten Übersetzung von Rabbiner Ludwig Philippson. Hrsg. von Walter Homolka, Hanna Liss, Rüdiger Liwak © Verlag Herder GmbH, Freiburg im Breisgau 2015–2018.

Die Verlagsgruppe Patmos ist sich ihrer Verantwortung gegenüber unserer Umwelt bewusst. Wir folgen dem Prinzip der Nachhaltigkeit und streben den Einklang von wirtschaftlicher Entwicklung, sozialer Sicherheit und Erhaltung unserer natürlichen Lebensgrundlagen an. Näheres zur Nachhaltigkeitsstrategie der Verlagsgruppe Patmos auf unserer Website www.verlagsgruppe-patmos.de/nachhaltig-gut-leben

Alle Rechte vorbehalten
© 2025 Patmos Verlag
Verlagsgruppe Patmos in der Schwabenverlag AG,
Senefelderstr. 12, 73760 Ostfildern
kundenservice@verlagsgruppe-patmos.de
www.patmos.de

Umschlaggestaltung: Finken und Bumiller, Stuttgart
Gestaltung, Satz: Schwabenverlag AG, Ostfildern
Druck: GGP Media GmbH, Pößneck
Hergestellt in Deutschland
ISBN 978-3-8436-1587-7 (Print)
ISBN 978-3-8436-1598-3 (eBook)

Für Esther Scheiner

Inhalt

Zur Einstimmung 9

Kriegsdienst: ein Ehrendienst? 11

Gibt es einen gerechten Krieg?
Deuteronomium 20 und seine Wirkungsgeschichte im jüdischen Denken 15

Krieg und Frieden in der Tora 26
Exkurs: Der Tierfrieden 35

Krieg und Frieden bei den Propheten 37
Der biblische Ursprung der Messiasidee 47

Die jüdisch-hellenistische Symbiose 52
Über individuelle Friedfertigkeit und eine
Zukunft ohne Krieg: Die ›sefarim chizonim‹ 52
Krieg und Frieden bei Philo und Josephus 58

Krieg und Frieden in der rabbinischen Literatur 64
Exkurs: Der Frieden im Gebet 75

**Gewalt und Gewaltlosigkeit in der
mittelalterlichen Religionsphilosophie** 81
Der messianische Frieden 82
Die Friedfertigkeit im Alltag 83
Der Frieden als abstrakter Begriff 85
Der kosmische Frieden der jüdischen Mystik ... 86

Der Chassidismus 88

Der Friedensbegriff der jüdischen Aufklärung und Emanzipation 92
Die ›Wissenschaft des Judentums‹ 93
Hermann Cohen 96

Neo-Orthodoxie und Liberales Judentum 102
Samson Raphael Hirsch 104
Leo Baeck 105

Der Staat Israel: Vom gerechten Krieg zum gerechten Frieden? 112

»Frieden ist die einzige Option« 126

Bibliografie 131

Anmerkungen 141

Zum Autor 159

Zur Einstimmung

»Vom Bösen lass ab und tue Gutes, such Frieden und jag ihm nach«, heißt es im Buch der Psalmen (34,15). Das Friedensideal des Judentums blieb in den beinahe zweitausend Jahren, in denen kein souveräner jüdischer Staat bestand, eine Sehnsucht. Ebenso blieben die rabbinischen Diskussionen über den gerechten Krieg in Zeiten, in denen es keine jüdischen Kriegsparteien gab, ohne praktische Relevanz. Wenn es etwa in talmudischer Zeit in den ›Sprüchen der Soferim‹ heißt: »Der Krieg ist in den Augen jener gerechtfertigt, die durch ihn ihre Ziele erreichen«, so war das gleichsam ein Blick von außen.

Mit der Staatsgründung Israels 1948 hat sich die Situation radikal verändert: Die israelische Armee ist seit dem Angriffskrieg der arabischen Nachbarstaaten 1948 Garant für die Sicherheit, ja für die Existenz des jüdischen Staates geworden, damit aber auch zur Konfliktpartei. Wie lässt sich dieser Konflikt, der bis heute andauert und auf beiden Seiten Menschenleben fordert, vor dem Hintergrund der jüdischen Überlieferung zu Krieg und Frieden einordnen?

Die historische Verortung des jüdischen Friedensdenkens sowie die gesellschaftliche und politische Situierung in diesem Band sollen zeigen, mit wie viel Idealismus, Engagement, Freude und auch Schmerz jüdische Denker bis in die Gegenwart um dieses Friedenspostulat gerungen haben und dies heute noch tun. Nicht immer waren ihre Mahnungen im Judentum mehrheitsfähig.

Die Darstellung von ›schalom‹ in der Tradition des Judentums bis in unsere Tage kann jedoch die zentrale Bedeutung des Friedens für das jüdische Denken belegen. Ein differenziertes Bild macht die aktuellen Kontroversen zwischen einem prophetisch geprägten Pazifismus und der Sehnsucht nach Geborgenheit vor allen Feinden verständlich. Aus dieser Geschichte ergeben sich Kriterien und Bezugspunkte für aktuelle und künftige Debatten.

Walter Homolka

Kriegsdienst: ein Ehrendienst?

Es gab vom Jahr 63 v. d. Z. bis hin zur Unabhängigkeitserklärung des Staates Israel 1948 mit Ausnahme der Kämpfer im gescheiterten Bar-Kochba-Aufstand von 132 bis 135/36 keine jüdische Kriegspartei, und so gibt es auch keine systematische jüdische Lehre vom gerechten Krieg, anders als in der Kirche, in der sie – ausgehend von Überlegungen bei Cicero und in der griechischen Stoa – zuerst Aurelius Augustinus (354–430) formulierte. Thomas von Aquin (1225–1274) systematisierte sie in seiner ›Summa Theologica‹ zu einer klaren Drei-Kriterien-Lehre. Das Ziel der Kriegsführung muss dabei die Wiederherstellung des Friedens sein.[1] Diese christlichen Lehren vom gerechten Krieg gingen in der Neuzeit schließlich in die politische Philosophie über, beispielsweise in ›Vom Recht des Krieges und des Friedens‹ von Hugo Grotius (1625).

Welche Regeln gelten für Juden als Soldaten im Krieg? In Europa stellte sich die Frage erst im Zuge des Emanzipationsprozesses, als die Diskussion aufkam, ob und unter welchen Umständen Juden zum Kriegsdienst zugelassen werden sollten. Als in Europa im 18. und 19. Jh. der Nationalgedanke erstarkte, galt die Bereitschaft zur Landesverteidigung als Staatsbürgerpflicht; Juden dagegen wurde zumeist abgesprochen, dass sie willens und fähig seien, im Kriegsfall ihr Leben für ihr jeweiliges Vaterland einzusetzen. In Preußen befand etwa Christian Wilhelm Dohm, ein Befürworter der rechtlichen Emanzipation der Juden, 1781: »Der erheblichste Grund, aus dem man die Unfähigkeit der Juden zu völlig gleichen Rechten mit den übrigen Bürgern des Staats folgern könnte, ist wohl dieser, dass man glaubt, die Juden würden durch ihre Religion abgehalten, Kriegsdienst zu tun.«[2] So forderte der Göttinger Theologe Johann David Michaelis 1783, Juden nicht die vollen staatsbürgerlichen Rechte zuzugestehen, da ihre Religion sie unter anderem unfähig mache, Soldaten zu werden. Der jüdische Berliner Philosoph Moses Mendelssohn (1729–1786) erklärte in seiner Replik, dass keine Religion, auch nicht das Christentum, die Aufgabe habe, Männer zu Soldaten zu machen, und dass die Juden in ihrem staatsbürgerlichen Verhalten keineswegs hinter den anderen zurückstünden und der Verteidigung des Vaterlandes ebenso verpflichtet seien wie alle anderen auch.[3] Die Frage, ob es halachische Bedenken gebe, dass Juden zur Armee gehen, wurde im 19. Jahrhundert jüdischerseits mit Bezug auf den talmudischen Leitsatz *dina de-malchuta dina*, »Das Gesetz des Landes ist Gesetz«, ausgeräumt.[4]

In den Befreiungskriegen war der Wunsch nach Ableistung von Kriegsdienst Zeichen bürgerlicher Gleichstellung; Major Meno Burg (1789–1853) blieb jedoch der erste und einzige jüdische Major im Preußen des 19. Jahrhunderts.[5]

Während Armeedienst für Juden zum Inbegriff von Patriotismus und Zugehörigkeit wurde, wurde ihre Loyalität jedoch immer wieder angezweifelt. Die französische Dreyfus-Affäre von 1894 ist ein dramatisches Beispiel dafür. In den deutschen Ländern waren Juden zwar als Freiwillige in den Befreiungskriegen 1813–1815 gegen Napoleon willkommen, wurden aber bis zum Ende des Kaiserreichs nicht in höhere Ränge befördert. Juden wurden nicht zur Offiziersprüfung zugelassen oder von den Offizieren ihres Regiments nicht kooptiert. In Preußen gelang zwischen 1885 und 1914 keinem einzigen jüdischen Anwärter der Aufstieg zum Reserveoffizier: eine Demütigung. Der deutsche Reichsaußenminister Walther Rathenau (1867–1922) hat aus seiner vergeblichen Kandidatur als Reserveoffizier noch in der Weimarer Republik den Schluss gezogen, man bleibe als Jude eben Staatsbürger zweiter Klasse. In Kriegszeiten haben Juden ihre Pflicht oft übererfüllt, die Anerkennung blieb ihnen aber versagt.[6] Anders war die Situation in Österreich, wo das Toleranzpatent Josephs II. von 1782 die Akkulturation der jüdischen Gemeinschaft beschleunigte. Die in der Habsburger-Monarchie 1788 auch für Juden eingeführte Militärpflicht wurde von den jüdischen Gemeinden zumeist positiv aufgenommen; sie verstanden sie als wesentlichen Schritt auf dem Weg zur bürgerlichen Gleichberechtigung. Von 1882 an wurden übrigens auch muslimische Bosniaken zum

Militärdienst herangezogen. Im Ersten Weltkrieg begriff sich das Heer der österreich-ungarischen Doppelmonarchie als offene Institution im Zeichen ethnischer, nationaler und religiöser Diversität, und auch wenn Juden gemeinhin nicht in die höchsten militärischen Ränge aufstiegen, so waren sie doch unter den Reserveoffizieren und im Offizierskorps der Armee stark vertreten.[7]

Nach dem Ersten Weltkrieg war es auch im polnischen Militär, einer wesentlichen Instanz für die Nationalisierung, umstritten, ob und in welchem Maße Staatsbürger, die nicht der Mehrheitsgesellschaft angehörten, Zugang zu den Streitkräften erhalten sollten. Auch wenn Juden nun Zugang zu den höchsten militärischen Rängen hatten, blieb ein Spannungsverhältnis von Inkorporation und Ablehnung als Ausdruck der polnischen Minderheitenpolitik der Zwischenkriegszeit bestehen.[8]

Das deutsche und das polnische Beispiel machen deutlich, dass eine originär jüdische Diskussion eines gerechtfertigten, ja gerechten Krieges nicht zeitgemäß war, solange Militärdienst ein staatsbürgerliches Bekenntnis zum jeweiligen Vaterland war und kein eigenständiges jüdisches Staatswesen bestand, wie es einst Basis für die Regeln in Deuteronomium 20 gewesen war.

Schauen wir uns also diese zentrale Textstelle in der Hebräischen Bibel an.

Gibt es einen gerechten Krieg?
Deuteronomium 20 und seine Wirkungsgeschichte im jüdischen Denken

Das Streben nach Frieden ist eng verbunden mit der Frage nach einem gerechten Krieg. Als der amerikanische Moral- und Sozialphilosoph Michael Walzer (geb. 1935) 1977 sein inzwischen zum Klassiker gewordenes Buch ›Just and Unjust Wars‹ veröffentlichte, rückte er unter dem Eindruck des Vietnam-Kriegs einer breiten Leserschaft ins Bewusstsein, dass sich bereits in der Hebräischen Bibel im Buch Deuteronomium Regeln für eine adäquate Kriegsführung finden. Walzer geht es bei der Lehre vom gerechten Krieg um die Einschränkung möglicher Kriegsgründe, -zwecke und -mittel, also eher um eine Einhegung anstatt einer kategorischen Vermeidung des Krieges. Die Theologin Ruth Ebach bemerkt zu diesen Regeln in Deuteronomium 20: »Wie alle Texte des deuteronomischen Gesetzes sind auch die Regelungen zum Krieg keine bi- oder multilateralen Verträge mit anderen Staaten oder Völkern, sondern haben die Israeliten selbst als Adressaten. Sie sind also keine Kompromisse internationaler Aushandlungsprozesse, in denen sich verschiedene Interessen widerspiegelten, sondern bilden ein Ideal ab, das sich Israel für eine gerechte Kriegsführung imaginiert.«[9] Die Epochen, in denen die Israeliten eine souveräne Nation darstellten, waren der Zeitraum zwischen ca. 1250 und 586 v. u. Z., also die Eroberung Kanaans und die Zeit des Ersten Tempels, sowie die Jahre zwischen 165 und 63 v. u. Z., die Makkabäerzeit und die Zeit der Hasmonäer.

Die Anweisungen zum Krieg gegen Städte in Deuteronomium 20 lauten folgendermaßen:

»So du einer Stadt nahest, sie zu bekriegen, sollst du ihr Frieden entbieten. Und es soll sein, wenn sie dir Frieden erwidert und dir öffnet, soll das ganze Volk, das darinnen sich findet, dir fronpflichtig sein und dir dienen. Wenn sie aber nicht Frieden mit dir macht und krieget mit dir und du sie belagerst, und der Ewige, dein Gott, gibt sie in deine Hand: So sollst du erschlagen alles, was in ihr männlich ist, mit des Schwertes Schärfe. Nur die Frauen und die Kinder und das Vieh und alles, was in der Stadt sein wird, all ihre Beute plündere für dich und verzehre die Beute deiner Feinde, die der Ewige, dein Gott, dir dann gegeben. So tue allen Städten, die sehr fern von dir sind, die nicht von den Städten dieser Völker sind. Aber von den Städten dieser Völker, welche der Ewige, dein Gott, dir zum Besitze gibt, sollst du keine Seele leben lassen, sondern bannen sollst du den Chitti und den Emori, den Kena'ani und den Perisi, den Chivvi und den Jewusi, so, wie der Ewige, dein Gott, dir gebot, damit sie euch nicht lehren, wie all ihre Gräuel zu tun, die sie ihren Göttern tun, und ihr euch verschuldet wider den Ewigen, euren Gott« (Deuteronomium 20,10–18).

Zur Schonung des Baumbestandes im Kriegsfall heißt es daran anschließend, dass im Zuge der Belagerung keine Frucht tragenden Bäume gefällt werden dürfen:

»So du eine Stadt umlagerst lange Zeit, sie zu bekriegen, sie einzunehmen, sollst du nicht ihre Bäume verderben, die Axt daran zu legen, da du davon issest, haue ihn nicht um, denn des Menschen ist der Baum des Feldes, als dass er kommen sollte von dir zum Belagerungswerk. Nur den Baum, von dem du weißt, dass er kein Fruchtbaum ist: ihn kannst du vernichten und umhauen und Belagerungswerke wider die Stadt bauen, die mit dir Krieg führt, bis sie gefallen« (Deuteronomium 20, 19f).

Mit Blick auf die Mobilmachung ist bemerkenswert, wer in biblischer Zeit alles vom Kriegsdienst befreit werden sollte:

»Und die Vorsteher sollen zum Volke reden und sprechen: Wer ist da, der ein neues Haus gebaut und es nicht eingeweiht? Er gehe und kehre zurück zu seinem Hause, dass er nicht sterbe im Kriege und ein andrer Mann es einweihe. Und wer, der einen Weinberg gepflanzt und ihn nicht gelöset? Er gehe und kehre zurück zu seinem Hause, dass er nicht sterbe im Krieg und ein andrer Mann [den Weinberg] löse. Und wer, der sich mit einer Frau verlobet und sie nicht heimgeführt? Er gehe und kehre zurück zu seinem Hause, dass er nicht sterbe im Kriege und ein andrer Mann [die Frau] heimführe. Dann sollen fortfahren die Vorsteher, zum Volke zu reden und zu sprechen: Wer ist da, der furchtsam ist und vergehet vor Angst? Er gehe und kehre zurück zu seinem Hause, dass nicht feige werde das Herz seiner Brüder wie sein Herz« (Deuteronomium 20,5–9).

Die Gesetze in Deuteronomium 20 regeln die Freistellung vom Militärdienst, Tributleistungen und die Kriegsbeute und deren Verteilung sowie die Behandlung der Kriegsgefangenen und verbieten eine Entwaldung vor den Toren belagerter Städte. Die genannten Maßnahmen, etwa die Hinrichtung aller Männer auf gegnerischer Seite durch das Schwert und die Versklavung von Frauen und Kindern, sind im Kontext altorientalischer Kulturen zu lesen. Es geht um ein Ideal kultisch legitimierter Kriegsführung, das mit heutigen Vorstellungen von Humanität wenig gemein hat.

Deuteronomium 20 gilt zwar als *locus classicus* für die altisraelitische Perspektive auf eine legitime Kriegsführung, kann aber keinesfalls als die zusammenfassende Darstellung eines jüdischen Kriegsgesetzes verstanden werden. Doch obwohl dieser Basistext rudimentär bleibt und nur während der nationalen Unabhängigkeit der Israeliten gültig war, ist er zum Ausgangspunkt für ausgiebige Diskussionen über ethische Fragen geworden. Ein frühes Beispiel dafür findet sich beim Philosophen Philo, dem wichtigsten Repräsentanten des alexandrinischen Judentums, der überzeugt ist, dass »das Gesetz niemals beabsichtigt haben könnte, Eroberungskriege zu billigen« (De specialibus legibus 4,219–223); die Gesetze zur Befreiung vom Kriegsdienst legt Philo allegorisch so aus, dass es ihnen nicht nur um den Erwerb, sondern auch um den Genuss der vollen Seligkeit der Tugend gehe (De agricultura 146–168).[10]

In der Mischna (Sota 8) wird der Begriff Krieg einer Differenzierung unterzogen: Pflichtkrieg, erlaubter Krieg und Selbstverteidigung. Außerdem werden die Bedingungen für die Befreiung vom Kriegsdienst thematisiert, wobei die Mischna zu dem Schluss kommt, dass in einem gebotenen Kriege ein jeder geht, sogar ein Bräutigam aus seinem Zimmer und eine Braut von ihrem Hochzeitsbaldachin (Sota 8,7). Für Dienstbefreite mit Ausnahme eines Bräutigams wird zudem eine Art Zivildienst als Alternative formuliert (Sota 8,2). Die Erörterungen umfassen somit gar nicht alle Fragen, die der biblische Text aufwirft.

Im Talmud (Sota 44b) wird – lange nach dem Ende der nationalen Eigenständigkeit Israels – mit Bezug auf Deuteronomium 20 die Mischna mit den drei Arten von Krieg aufgegriffen, nämlich dem von Gott gebotenen Pflichtkrieg (*milchemet chowa* oder *milchemet mizwa*), dem erlaubten Krieg oder Ermessenskrieg (*milchemet reschut*) und einer Mischform, dem Präventivkrieg, der der Selbstverteidigung gilt. Es wird also nicht zwischen gerechtem und ungerechtem Krieg unterschieden, sondern zwischen gebotenem und erlaubtem; die Kategorie »verbotener Krieg« fehlt. Die Wiedergabe und Auslegung der Bibelverse zum Kriegsrecht erfolgt dabei eher unsystematisch.

Die gebotenen Kriege beziehen sich gemäß Deuteronomium 20,17 auf Kriege gegen die Völker, die ursprünglich Kanaan bewohnten (Hetiter, Amoriter, Kaananiter, Perisiter, Hiwiter, Jebusiter), und gegen das Volk Amalek, das die Israeliten bei ihrem Auszug aus Ägypten angegriffen hatte (Exodus 17,8–16). Gebotene Kriege müssen von Gott selbst, vom König oder vom Sanhedrin erklärt werden; als Beispiel für gebotene Kriege werden die von Joschua genannt.[11] Erlaubte Kriege sind Expansionskriege, die von jüdischen Königen unternommen wurden, um ihre Grenzen zu sichern oder ihren Ruhm zu vergrößern; als Beispiel für erlaubte Kriege aus Ermessensgründen wird auf die Kriege König Davids verwiesen. Die Kriege Joschuas sind historisch nicht belegt, werden in der Hebräischen Bibel aber als Vernichtungskriege dargestellt, die gewissermaßen auch präventiv waren: »… damit sie euch nicht lehren, wie all ihre Gräuel zu tun, die sie ihren Göttern tun« (Deuteronomium 20,18).

Die Entscheidung, in einen Ermessenskrieg einzutreten, erfordert die Zustimmung mehrerer Instanzen, neben der Exekutive und der Legislative auch die des Hohen Rates von 71 Priestern, des Sanhedrins, als Judikative (Sanhedrin 1,5; Hilchot Melachim 5,2). Der Sanhedrin kann keinen Krieg initiieren; die Initiative muss vom König ausgehen, der dann die Zustimmung des Gerichts einholen muss (Tosefot Jom Tow zu Sanhedrin 1,5).

Der Angriff auf einen Feind in Erwartung dessen Angriffs (Präventivkrieg) ist umstrittener. Der Talmud befindet für diesen Fall mit den Worten von Raba: »Sie streiten nur über die [Kriege] gegen die Nichtjuden, damit sie sie nicht überfallen; einer nennt sie gebotene und einer nennt sie freiwillige« (Sota 44b).

Die realen historischen Voraussetzungen für beide Varianten sind seit dem Ende des israelitischen Königtums und des Sanhedrins nicht mehr gegeben; der gebotene und der erlaubte Krieg waren also zur Zeit der rabbinischen Diskurse schon längst keine praktisch und politisch relevanten Kategorien mehr. Die rabbinischen Erörterungen bezogen sich stets auf den spärlichen biblischen Basistext, nicht aber auf aktuelle Gegebenheiten. Rabbiner Daniel F. Polish (geb. 1942) fragt, ob diese rabbinischen Erörterungen überhaupt nützlich sind, um heute eine jüdische Perspektive zum gerechten Krieg zu formulieren, und befindet, dass sie eine wichtige Gemeinsamkeit mit allgemeineren

Theorien des gerechten Krieges haben: Sie versuchen, Unterscheidungen zu treffen zwischen verschiedenen Arten von Krieg.[12]

Zeitlos ist das Recht auf Verteidigung aus Notwehr: »Kommt jemand dich zu töten, komm ihm zuvor« (Sanhedrin 72a). Für viele heutige Gelehrte, etwa für Rabbiner Judah David Bleich (geb. 1936), ist dieser Satz als Begründung für eine gemeinschaftliche Selbstverteidigung jedoch problematisch, auch deswegen, weil individuelle Selbstverteidigung nicht gerechtfertigt ist, wenn sie unschuldige Unbeteiligte in Gefahr bringt, was im Krieg unweigerlich geschieht.[13]

In Deuteronomium 20,4 heißt es: »Denn der Ewige, euer Gott, ist's, der mit euch zieht, für euch zu streiten mit euren Feinden, euch zu helfen!« Gott zieht also zusammen mit den Kindern Israels in den Krieg; für den Tora-Kommentator Rabbiner W. Gunther Plaut (1912–2012) ist dies auch ein Hinweis darauf, dass die Bundeslade mit in den Kampf genommen wurde.[14] Dieser Gotteskrieg unterscheidet sich jedoch vom islamischen Djihad und vom Heiligen Krieg der Christen darin, dass er gewisse Ideale einfordert, um ein ›heiliger Krieg‹ *(milchemet kodesch)* zu sein. Freilich: In der gesamten Hebräischen Bibel kommt der Begriff »heiliger Krieg« nicht vor. Der deutsche Religionsphilosoph Rabbiner Daniel Krochmalnik (geb. 1956) verweist darauf, dass sich in der christlichen Rezeptionsgeschichte, etwa bei Gerhard von Rad, die Rede von »kriegerischem Geist und programmatischer Unversöhnlichkeit« mit »stark humaner Tendenz« verbindet.[15]

Der Gelehrte und Bibelexeget Raschi (Rabbi Schlomo Jitzchaki, 1040–1105) resümierte in seinem Kommentar zu Deuteronomium 20,1 zu der Frage, warum die Vorschriften über den Krieg auf die Regeln über die Gerechtigkeit im vorherigen Kapitel folgen: »Um dir zu sagen, wenn du gerechtes Urteil vollzogen hast, kannst du sicher sein, dass, wenn du in den Krieg ziehst, du siegst; und so sagt auch David (Psalm 119, 121): Habe ich Recht und Gerechtigkeit geübt, wirst du mich nicht meinen Bedrückern überlassen.«[16]

Moses Maimonides (1135–1204) hat die rabbinische Kasuistik vom Krieg in ›Mischne Tora: Hilchot Melachim U'Milchamitehem‹ (»Wiederholung der Tora. Gesetze der Könige und ihrer Kriege«, kurz Hilchot Melachim) kodifiziert.[17] Krochmalnik konstatiert: »Maimonides kodifiziert ferner das rabbinische *Ius in bello*, welches das *Ius ad bellum* gelegentlich soweit einschränkt, dass es wenigstens in einigen Punkten gar keinen praktischen Unterschied mehr zwischen gebotenem, erlaubtem und verbotenem Krieg gibt: So darf beispielsweise der Belagerungsring um eine Stadt nicht dicht gemacht werden, ein Fluchtweg muss offenbleiben (Hilchot Melachim 6,7). Diese Halacha beurteilt die Lage vom Standpunkt der nichtisraelitischen Belagerten und nicht vom Standpunkt der israelitischen Belagerer ... Die Rabbinen sind zwar keine Pazifisten, aber sie grenzen die Gewalt ein.«[18] Dies schließt die Möglichkeit eines Belagerungskrieges praktisch aus und kommt einem Verbot von Angriffen auf Zivilisten gleich. Ein jeder, der aus einer angegriffenen Stadt nicht flieht, kann wiederum als Kombattant betrachtet werden. Maimonides erklärt aber auch, dass ein jeder Krieg legitim sei, der gekämpft wird, um Israel vor einem Feind zu schützen, der es angreift (Hilchot Melachim 5,1).

Kommentatoren wie Nachmanides (Rabbi Moses ben Nachman, 1194–1270) waren der Ansicht, dass selbst die sieben Völker Kanaans nur dann bekämpft werden sollten, wenn sie ihre götzendienerischen Praktiken beibehielten. Damit wird die Möglichkeit, einen gebotenen, von Gott befohlenen Krieg auszurufen, weitestgehend ausgeschlossen, da Muslime (nach Maimonides) und Christen (nach Rabbi Menachem ben Solomon, dem Me'iri, 1249–1316) keine Götzendiener sind. Und schließlich: »Die sieben kanaanäischen Völker (Deuteronomium 7,2) sind ... nach rabbinischer Auffassung längst in andere Völker aufgegangen (Jesaja 10,13 u. Jadajim 4,4), so dass dieses Vernichtungsgebot ... längst gegenstandslos ist.«[19]

Diese Überlegungen bewegen sich jedoch im rein abstrakten Raum, da Juden zur Zeit von Maimonides und des Me'iri ohnehin nicht waffenfähig waren, weder in der islamischen Welt, in der Maimonides lebte, noch in den christlichen Staaten des Mittelalters, in denen sie wie Frauen, Kleriker und Waisenkinder einen minderen Status innehatten. Eine Ausnahme war die Situation der Juden in Nordspanien, wo sie noch unter König Alfons VI. von León, Kastilien und Galicien (1040–1106) an Feldzügen gegen die Mauren im Zuge der Reconquista teilnahmen.[20]

Rabbiner Samuel David Luzzatto (1800–1865) erklärt zu Deuteronomium 20: »Wenn geschrieben steht ›Wenn du zum Kampf gegen deine Feinde ausziehst… usw.‹, bedeutet es, dass wir nur gegen unsere *Feinde* kämpfen dürfen. Der Begriff ›Feind‹ weist aber nur auf einen hin, der uns Unrecht getan hat; das heißt, die Bibel spricht hier nur von einem Angreifer, der in unser Gebiet eindringt, um unser Land zu erobern und uns auszuplündern. Gegen einen solchen sind wir verpflichtet, Krieg zu führen, erst aber ihm einen Frieden anzubieten.«[21]

In den nächsten Kapiteln wollen wir der Entwicklung der Vorstellung vom »gerechten Krieg« zum »gerechten Frieden« im Judentum nachgehen, die sich allmählich und schrittweise vollzogen hat.

Krieg und Frieden in der Tora

Die Geschichte Israels nimmt ihren Anfang an der Wende zum 13. Jahrhundert v. d. Z. Mit dem Auszug aus Ägypten und der, wie die Bibel berichtet, vierzig Jahre währenden Wüstenwanderung ging eine schrittweise Vereinigung der verschiedenen Stämme oder Geschlechtergruppen Israels zu einem Volksganzen einher, alles überragend durch die Offenbarung des Gottes der Erzväter Abraham, Isaak und Jakob am Sinai, wie sie die fünf Bücher Mose in Exodus (24,15ff.) beschreiben.

Mit der Verpflichtung des gesamten Volkes auf den einen Gott und der göttlich inspirierten, einheitlichen Gesetzgebung seines Führers Mose (vgl. Deuteronomium 33,4) war die Grundlage zur Schaffung einer Nation gegeben. Das Streben des Volkes nach einem geschlossenen Siedlungsgebiet, der wichtigsten Voraussetzung eigenstaatlichen Daseins, erhielt durch die für die damalige Zeit übliche Verquickung religiösen und nationalen Denkens die göttliche Sanktion.[22]

Dieses durchaus kriegerisch geprägte Umfeld musste fast notwendigerweise Auswirkungen auf das Gottesbild haben. Der Gottesname ›Adonai Zebaoth‹ (»Herr der Heerscharen«) macht dies besonders deutlich. Mit den Heerscharen Gottes waren nämlich ursprünglich keineswegs die himmlischen, die Cherubim und Seraphim, gemeint, sondern selbständige Kriegsdämonen (ihrem Namen ›Zebaoth‹ nach »die zum Krieg Ausziehenden«), die später dem einen Kriegsgott Adonai Zebaoth untergeordnet wurden und so zu den ›ma'arkoth Jisrael‹, den »Schlachtreihen Israels«, gehörten.[23] Im Verständnis des alten Israel bestand also ein enger Zusammenhang zwischen Gott und seinem Bundesvolk (Deuteronomium 14,2), gewissermaßen ein Schutz- und Trutzbündnis mit dem Himmel, das von Seiten Israels durch die Erfüllung der göttlichen Gebote aufrechtzuerhalten war (Exodus 18,23).

In diesem Zusammenhang ist bedeutsam, dass die Bundeslade, das Behältnis für die Gesetzestafeln (vgl. Exodus 32) und Symbol für das Band Gottes mit seinem Volk, Israels Feldpanier ist, während der Wüstenwanderung ebenso wie bei Schlachten in kanaanitischer Zeit.[24]

Als Landbrücke zwischen Assyrien und Ägypten war Kanaan schon zu jener Zeit ein ›Krisenherd‹ gewesen, Zankapfel zwischen den umliegenden Nomadenstämmen und den vielen Völkerschaften, die es wechselweise besiedelten.

Diese unruhige Lage und die damit einhergehende Schwächung der dortigen Stämme machte es für die Streitkräfte Israels unter dem Schutz ihres Kriegsgottes Adonai Zebaoth verhältnismäßig leicht, das Land schrittweise zu erobern, wenn uns auch das Buch Josua von den Schwierigkeiten dabei berichtet. Obwohl den Israeliten nachdrücklich geboten war, keinerlei urstämmiges Glaubensgut in Kanaan zu dulden[25], scheint es trotz allem zu einer gewissen Beeinflussung gekommen zu sein. Entweder wurden die Stadtgötter verdrängt, oder aber man übernahm teilweise ihre Züge in die eigene Gottesvorstellung. Die Bibel schildert uns unter anderem die Einnahme des jebusitischen Stadtkönigreichs Jerusalem[26], der künftigen Hauptstadt Israels, die später auch den Tempel beherbergen sollte. Deren Stadtgott ›Schalem‹ aus vorisraelitischer Zeit könnte durchaus Einfluss auf das Gottesbild Adonais gehabt haben, vor allem, wenn man sich vor Augen hält, dass weit später noch hinter dem hebräischen Begriff ›schalom‹ für Frieden eine personhafte Größe erkennbar ist (als Beispiel in der Jerusalemer Kultdichtung vgl. Psalm 85; in der Prophetie vgl. Jesaja 60,17). Die Verwandtschaft der Sprachwurzeln von ›Jerusalem‹, ›Schalem‹ und ›schalom‹ spricht für sich.

Für die weitere Untersuchung der israelitischen Friedensvorstellungen ist es bedeutsam, den Aufgabenbereich des Gottes ›Schalem‹ kurz zu umreißen. Zunächst war ›Schalem‹ für einen umfassenden Zustand unversehrten Wohlergehens vor allem im Bereich des Staatsgebildes Jerusalem verantwortlich. Außerdem erwarteten sich seine jebusitischen Verehrer rettende Hilfe vor Feindvölkerbedrohung und schließlich besondere Fruchtbarkeit.[27]

Trotz des Monotheismus der Israeliten ist die große Ähnlichkeit ihrer Gottesvorstellungen mit denen der Jebusiter auffällig. Die Israeliten erwarteten von ihrem Gott ebenfalls Wohlergehen, ausdrücklich durch seine Verheißung eines Landes, in dem Milch und Honig fließen (Numeri 13,27), und Schutz vor Feinden. Auch die Fruchtbarkeit spielt eine große Rolle für das Volk, das augenblicklich die Wandlung vom Nomadendasein zur Sesshaftwerdung vollzieht.

So verspricht Gott seinem Volk fruchtbares Land, wenn es bereit ist, seine Gebote zu halten (Deuteronomium 11,8–17 u. a.). Das Bild von Fruchtbarkeit und Frieden taucht aber noch öfter auf, auch in späterer Zeit, wenn es bei Jesaja etwa heißt:

»Denn so spricht der Ewige: Siehe, ich lenke wie einen Strom Frieden ihr [Jerusalem] zu und wie überströmenden Fluss die Pracht der Völker, dass ihr sie einsaugt; auf dem Arme sollt ihr getragen, auf den Knien liebkost werden« (Jesaja 66,12; vgl. auch 48,18; Psalm 72,3).

Damit sind wir an eine Nahtstelle des altisraelitischen Friedensbegriffs gelangt. Die Verknüpfung alter Traditionen des friedfertigen Lebens (vgl. Psalm 4,9), wie sie uns das Buch Genesis aufzeigt, mit einem neugewonnenen Bewusstsein im gelobten Land führt direkt auf den Begriff ›schalom‹ hin.

Mit dem Besitz eines eigenen Landes wächst fast natürlich der Wunsch nach Frieden, um das gewonnene Areal in Ruhe besiedeln und bearbeiten zu können (Deuteronomium 12,10).

Zwar spielt die Waffengewalt immer noch eine große Rolle, die sie auch in der Folgezeit während der vielen Auseinandersetzungen mit den umliegenden Völkern behalten wird, aber das Sehnen nach Frieden wird größer; der Frieden wird immer mehr zum Idealzustand, der erst Gottes Segnungen vollkommen werden lässt (vgl. den Priestersegen in Numeri 6,26).

Dies bedingt notwendige Veränderungen der Vorstellungen um Gott, von dem jetzt vermehrt die Gabe des Friedens erwartet wird. Gott wird nicht ausschließlich gesehen als ungestümer »Gott der Schlachtreihen Israels«, der »mächtig im Streit sein Schwert trunken macht mit dem Blut der Erschlagenen« (Deuteronomium 32,41f.; vgl. auch 20,1). So haben ihn nationale Elemente gefärbt. Auch ältere Vorstellungen haben sich behaupten können, die ihn als Gott des wahren Friedens, der Gerechtigkeit und der gegenseitigen Verpflichtung zeigen. Das Sehnen nach Frieden knüpft an das Nomadenleben in früheren Jahrhunderten an und nimmt dessen friedliebende Tradition wieder auf. Wäre dies nicht geschehen, hätten sich die Genesis-Erzählungen wahrscheinlich nicht so erhalten, wie sie sich heute darstellen.

Für die Patriarchen ist Frieden von herausragender Bedeutung. Abraham führt nur ein einziges Mal Krieg, um seinen Neffen Lot aus der Hand von Feinden zu befreien (Genesis 14), auch Isaak und Jakob leben friedlich und um Ausgleich mit den Nachbarn bemüht. Isaak wehrt sich nicht gegen die Philister, die ihm mehrmals seine Wasserlöcher streitig machen, obwohl doch für einen Nomaden und seine Herden solche Brunnen lebensnotwendig sind (Genesis 26,18–22), und Jakob verflucht sogar seine Söhne Simeon und Levi wegen ihres Angriffs auf die Schechemiten (Genesis 34,30), trotz der Tatsache, dass der Sohn eines ihrer Fürsten ihre Schwester Dina vergewaltigt hatte.

»Schim'on und Levi, Brüder sind sie, des Frevels Werkzeug ihre Waffen! In ihren Rat komm' meine Seele nicht, in ihre Sammlung geh' nicht meine Würde ein: Wie sie, in ihrem Zorn, getötet den Mann, in ihrem Übermut gelähmt den Stier! Verflucht ihr Zorn, weil er gewaltsam, ihr Grimm, weil er hart ist: Ich teil sie aus in Ja'akow, zerstreue sie in Jisrael!« (Genesis 49,5–7).[28]

Jakobs Worte mögen als Beispiel der Friedfertigkeit der gottesfürchtigen Männer im zweiten Jahrtausend v. d. Z. dienen, einer Friedfertigkeit und Ausgleichsbereitschaft, die noch zahlreiche Beispiele finden könnte.

Die Basis für solche Überlegungen bietet der Begriff ›schalom‹ als solcher. Mit seiner Eingrenzung gewinnt man aufschlussreichen Einblick in die Vorstellungen des alten Israel. Inhaltlich erfasst ›schalom‹ einen Zustand allseitigen, umfassenden Wohlergehens, der Leben ermöglicht und fördert.

Die Grundbedeutung von ›schalom‹ ist »Ganzheit«, »Unversehrtheit«, »Vollendung«, »Heilsein«.[29] Dieser weitgefasste Bedeutungshorizont tritt in Levitikus (Kap. 26, besonders Verse 3–7) besonders zutage. Hier ist ein Großteil dessen enthalten, was die altisraelitische Friedensvorstellung ausmacht. Unter anderem in Levitikus 26,3 und 6 heißt es: »Wenn ihr in meinen Satzungen wandelt und meine Gebote haltet … Frieden schaff' ich im Lande …« Wohlverhalten und Gesetzeskonformität vor Gott hat demnach friedenserhaltende Funktion, durch Fehlverhalten jedoch wird dieser Frieden gestört. ›schalom‹ steht als Segen über der Einhaltung des Gesetzes, aber es ist eingebettet in einen weit umfassenderen Friedenszustand, der vor allem die Natur und die Tierwelt einschließt. Es treten wieder wesentliche Elemente der jebusitischen – oder besser – allgemein der altorientalischen Friedensvorstellung auf: die überströmende Fruchtbarkeit, das sichere Wohnen, die Sicherheit vor Feinden und wildem Getier.[30]

Es werden vier Bereiche deutlich, die ›schalom‹ umfasst. Einmal der soziale Bereich: Man erhofft eine lebensgewährende Ordnung und lebensförderndes Recht, die auch das Wohlergehen sozial gefährdeter Schichten gewährleisten.[31]

Dann wird die Politik angesprochen: Das Fehlen kriegerischer Bedrängnis und die Sicherheit, gegen Angriffe geschützt zu sein, sind zwei wichtige Bestandteile dieser Friedenshoffnung. Dies meint Frieden durch die Bändigung der Völkerwelt, deren Waffengewalt Grenzen gesetzt sind (Psalm 46) und deren Machtmissbrauch beschränkt wird (Psalmen 2; 37; 76).

Als Drittes begegnet uns die Natur: Frieden wird begriffen als chaosbändigende Einrichtung, die die Welt im kosmisch-naturhaften Sinne dauerhaft bewahrt und für das Lebendige, Mensch und Tier, Leben erst wahrhaft ermöglicht (Psalm 104).

Über all dem steht Gott als Urquell dieses Friedens, als Garant für einen solchen Idealzustand, den sich sein Volk von ihm erwartet (Psalm 29,11). Als Bindeglied zwischen den Menschen und ihrem Gott muss an dieser Stelle auch der Kultus erwähnt werden, der in altisraelitischer Zeit vorrangig Opferkultus war.

Zusammenfassend lässt sich ›schalom‹ also definieren als dem göttlichen Friedenswillen entspringendes Heil- und Vollendetsein der Kreaturen und ihr friedvolles Zusammenwirken in einer auf Gottes Gesetzen gegründeten Lebensordnung.[32]

Gleichermaßen verdeutlicht die oben genannte Besprechung des Friedens in Levitikus 26 aber auch, wie begrenzt das ersehnte Friedensreich war: »Und ihr jaget eure Feinde und sie fallen vor euch durchs Schwert« (Levitikus 26,7). Hier wird deutlich, dass die Verwirklichung des Friedens politisch nicht wesentlich anders bewerkstelligt werden sollte als im übrigen Alten Orient. Den Frieden annehmen bedeutete so viel wie Selbstauslieferung, Unterwerfung und Fronpflicht für die Belagerten, die sich andernfalls Plünderung und Vernichtung ausgesetzt sahen. Frieden wird also nicht zuletzt durch eine kriegerische Unternehmung erreicht, ähnlich wie in Mesopotamien und Ägypten.[33]

In jener Zeit wurde das Gebot »Du sollst nicht töten« (Exodus 20,13; Deuteronomium 5,17) keineswegs auf den Krieg bezogen. Das Gebot untersagte lediglich das Blutvergießen im eigenen Staat, im eigenen Volk (unter damaligen Umständen bereits ein bemerkenswerter Fortschritt).[34] So ist auch verständlich, dass die Bibel eine bestimmte Art von Krieg unmissverständlich ächtete: den Bürgerkrieg, das Blutvergießen innerhalb des Volkes (vgl. Levitikus 19,17.18; Obadja 1,10).[35] Generell jedoch wurde Krieg und Blutvergießen im Krieg nicht für illegitim erachtet (vgl. 1 Könige 2,5 mit der Unterscheidung zwischen Blut, das im Krieg und das im Frieden vergossen wurde).[36] Der Frieden der Welt war zunächst einmal der Frieden der israelitischen Welt, ebenso wie Gott ausschließlich der Gott Israels war. Das Zentrum der Welt blieb Israel, speziell der Zion, der Gottesberg, bei dem irdischer und himmlischer Bereich ineinander übergehen (Psalm 48,2) und der der Thronsessel Gottes als Weltkönig ist.[37] Die Stadt Jerusalem auf diesem Berg ist somit die Stadt Gottes schlechthin, ebenso wie sie vorher die Stadt des ›Schalem‹ gewesen war.

Wenn wir das Angeführte überblicken, müssen wir feststellen, dass die fünf Bücher Mose und das Buch Josua sowie die nachfolgenden Schriften bis zur zweiten Königschronik großenteils im Rahmen gemein-altorientalischer Denkvoraussetzungen bleiben, sich also die Forderung nach einem Frieden heutiger Sicht nicht direkt ableiten lässt.[38] Gleichwohl werden unverzichtbare Grundlagen bereitet für spätere Entwicklungen, die nur aus dem Geiste der Tora des Mose als Hauptquelle religiösen Denkens in der jüdischen Theologie erwachsen konnten.

Exkurs: Der Tierfrieden

Zum besseren Verständnis der angesprochenen Entwicklungen in der Folgezeit soll auf den eigenartigsten und umstrittensten Zug israelitischer Friedenserwartung eingegangen werden: den Tierfrieden. Wie sich zeigen soll, handelt es sich um eine Friedenserwartung.[39]

Anfangs im Paradies tritt uns ein geordnetes Verhältnis zwischen Mensch und Tier entgegen, ein Zustand vollkommenen Friedens. Das Buch Genesis (Genesis 1,30) schildert uns, dass alles, »worin ein Lebensodem« war, die Kräuter und das Grün zur Nahrung bekam. Das heißt: Der Mensch jagte nicht, und kein Tier verschlang ein anderes. Dieses Friedenszeitalter endet in der Sintflut, nach der dem Menschen auch die Tierwelt als Nahrungsquelle eröffnet wurde. Damit war der Urglückszustand dahingeschwunden, und der Schöpfungsharmonie folgte Entzweiung. Durch den Bundesschluss Gottes mit Noah wurde diese Orientierung sanktioniert (Genesis 9,3.9).

Dennoch blieb die Erinnerung an den verlorenen, glücklichen Urzustand des Friedens wach, und wir sehen in Levitikus (Levitikus 26,6), wie er für eine Zukunft wieder in Aussicht gestellt wird, allerdings abhängig gemacht von der Befolgung der Gebote. Der Mensch selbst kann durch eine sittliche Leistung die Zwietracht zwischen Mensch und Tier beseitigen, deren Ursache die sündhafte Verderbtheit der Urmenschheit gewesen war (Genesis 6,5f.). Diese zunächst reale Erwartung der Menschen wurde allerdings mit den Jahren auf eine Endzeit übertragen (Jesaja 35,1–10), ein Phänomen, das sich auch bei der Messiasfrage zeigt. Der Mechanismus ist: Die Sehnsucht nach dem friedvollen Urzustand, wie ihn Genesis darstellt, führt zu einer Erwartung seiner Erneuerung in der Gegenwart. Da dies nicht eintritt, wird jener Urzustand auf einen idealen Endzustand in der Zukunft projiziert.

Krieg und Frieden bei den Propheten

Mit dem achten Jahrhundert v. d. Z. nahm eine Periode ihren Anfang, die einschneidende Wandlungen im Gottesbegriff zur Folge haben sollte.

Die zunehmende Bedrängnis des inzwischen zweigeteilten Landes durch die umliegenden Großreiche gipfelte schließlich in der Zerschlagung der Eigenstaatlichkeit Israels 721 v. d. Z. und Judas 686 v. d. Z. Für uns ist gerade das letzte Datum von herausragender Bedeutung, da Jerusalem die Hauptstadt Judas gewesen war, das wichtigste Zentrum des jüdischen Kultus.

Die Verwüstung des Zion, die Zerstörung von Tempel und Stadt, das Ende des Königtums und letztlich die Deportation von Geburts- und Geistesaristokratie nach Babylon bedeutete eine unvorstellbare Katastrophe sowohl für das Volk als auch für die Religion Israels. In dieser Phase war das Auftreten von Propheten zunächst neben dem Tempel ein entscheidender Faktor für das Überleben der israelitischen Religion (vgl. Deuteronomium 18,16–22; Einsetzung des Prophetenamts).

Die Historie hat allerdings auch in der Jerusalemer Kultdichtung Niederschlag gefunden. Wenn wir die Psalmen 44, 74 und 79 betrachten, fällt ein neuer Blickwinkel auf. Gottes bislang andauernde Heilserweise für Jerusalem und sein Volk werden angesichts der neuen Erfahrungen Vergangenheit.[40] Dabei ist besonders interessant, welch großen Stellenwert jene Heilserweise neben den universalen Walten Gottes bekommen (vgl. Schilfmeerdurchzug, Bundesschluss, Landnahme, Unterwerfung der Völker), stets verbunden mit der Bitte um Wiederherstellung des glückvollen Zustands der Zukunft.

Eine Neuorientierung lässt sich in der Folge ebenfalls bei den vorexilischen Propheten beobachten. Beim Auftreten Jesajas in der zweiten Hälfte des achten Jahrhunderts haben die weltpolitischen Vorgänge, in die Juda und Israel geraten waren, die alten Vorstellungen seiner Jerusalemer Heimat bereits in Frage gestellt. Zwar ist Jesaja durch seine Herkunft und Bildung ein Vertreter der Jerusalemer Konzeption, aber seine Lehren verändern sie tiefgreifend, auch hinsichtlich der Friedensvorstellungen.[41]

Die vorexilischen Propheten sind vor allem Ankläger, Mahner und Ankündiger des Gerichts. Israel hat sich nicht an die göttlichen Gebote gehalten und so Schuld auf sich geladen, der nicht Heil, Frieden und Wohlergehen entsprechen können, sondern höchstens Umkehr und Rettung.[42] Jesaja verkündet für die Gegenwart nicht einen Gott des Friedens, sondern einen Gott, der durch das Schwert anderer Völker die Sünden Israels ahndet. Wenn das Volk Gottes gegen den Frieden handelt, lässt Gott darum Unfrieden über es kommen. Mit dieser Meinung lehnt sich Jesaja deutlich an die Jerusalemer Kulttradition an, selbst wenn er ihre Aussage umkehrt. Dazu befindet Odil Hannes Steck: »Der Friede, den die Jerusalemer Konzeption der Welt vor Augen eingestiftet sah, ist in einer Welt des Unfriedens und des Gerichts zum Gegenstand der Erwartung geworden«.[43]

Diese Erwartung für die Zukunft wird ganz klar in Kapitel 2,2–4 ausgesprochen, in dem Jesaja beglückenden Frieden für alle Völker prophezeit (vgl. auch Jesaja 26,12).[44] Eine solche Erweiterung erscheint ganz wesentlich, wird hier doch erstmals der strenge Bezug der Friedens- und Heilserwartung auf Israel allein überwunden. Gott richtet zwischen den Völkern (Jesaja 2,4), weist den Weg zu seiner Lehre und eint damit die gesamte Menschheit unter seinem Banner. Absolute Voraussetzung ist allerdings die Bekehrung zu dem einen Gott und die Bereitschaft zu sittlichem Handeln. Jesaja wendet sich hier nicht an das Volk Israel allein, er bezieht alle Nationen mit ein und macht deutlich, welchen Sinn der Begriff der Auserwähltheit Israels eigentlich hat: das »erwählte« Volk als Mittler zwischen den Völkern der Welt und Verkünder der monotheistischen Botschaft, denn »von Zijon geht die Lehre aus und des Ewigen Wort von Jeruschalajim« (Jesaja 2,3).

Eine solche Vereinigung der Völker führt zu einem Ende des Streits, des Kriegs als solchem, und schenkt der Welt den immerwährenden Frieden, von Gott nur durch *ein* Machtmittel geboten, dem seines Wortes, seines »Mundes«, seiner »Lippen«, dem seines Geistes, seiner »Gerechtigkeit und Treue« (vgl. Jesaja 11,2).

Durch die Rechtsprechung Gottes, die Bereitwilligkeit der Völker zu sittlichem Handeln (Jesaja 2,3.4) und die Vernichtung aller Waffen wird die Möglichkeit gegeben, alle Zwietracht auf friedliche Weise beizulegen.[45] Das Kriegshandwerk wird nicht einmal mehr gelehrt und somit dem gänzlichen Vergessen preisgegeben. Abraham J. Heschel folgert: »In eine Welt, fasziniert vom Götzendienst, trunken von Macht, aufgebläht von Überheblichkeit, dringt Jesajas Wort, dass die Völker nicht nach Gold, Macht oder Hurerei suchen werden, sondern nach Gottes Wort. […] Die Leidenschaft für den Krieg wird einer größeren Leidenschaft unterworfen: der Leidenschaft, Gottes Wege zu entdecken.«[46]

Auf diese Weise sieht Jesaja ein universales, dauerhaftes Friedensreich anbrechen, ohne Gewalttätigkeit, sondern mit alles umschließender Harmonie, die ausdrücklich auch das Tierreich umfassen wird (Jesaja 11,6–9; vgl. auch 29,17–21; 32,15ff.).

Dieser Gedanke an die Möglichkeit, ein weltweites Friedensreich zu errichten, ergriff auch andere Propheten. So findet sich bei Micha eine textgleiche Stelle, die noch um die Vision bereichert ist: »Dann wird ein jeder unter seinem Weinstock und unter seinem Feigenbaum sitzen und niemand schreckt auf, denn der

Mund des Ewigen der Heerscharen hat's geredet« (Micha 4,1–4).

Auch Ezechiel (6. Jh. v. d. Z.) hat an dieser Euphorie teil. In Kapitel 34,23–31 knüpft er an die Vergangenheit an und verheißt für eine Zeit nach dem babylonischen Exil Tierfrieden, überreiche Fruchtbarkeit des Feldes und der Bäume, Sicherheit vor den Feinden, die Israel von allen Seiten bedrohen, und einen neuen König David, der an seinen geschichtlichen Vorgänger und dessen glanzvolle Regierungszeit anknüpfen wird. In dieser Heilszukunft, über deren Nähe nichts ausgesagt ist, wird ein besonderer Friedensbund mit Gott bestehen, ein Bund, dem alle anderen Völker beitreten werden, überzeugt von der Macht Gottes (Ezechiel 34,30).

Aber Jesaja verweist nicht nur auf die Segnungen einer kommenden Heilszeit, wenn er den Friedensgedanken verarbeitet, er verlangt unbedingtes Gottvertrauen (Jesaja 7,9: »… wenn ihr nicht glaubt, bleibt ihr nicht!«) und weist den wahren Weg zum Frieden: die Umkehr und Besinnung auf Gott, der aktiv in der Gegenwart begonnen werden muss, um durch seinen Geist zu dieser Endzeit zu gelangen (vgl. Jesaja 30, insbesondere 15–18): »Durch Umkehr und Ruhe wär' euch geholfen, in Still' und Vertrauen bestünd' eure Stärke«. Jesaja rät sogar angesichts einer drohenden Invasion, keinen Widerstand zu leisten. Dieser Ansicht schließt sich auch Jeremia an.[47]

Trotz dieser Friedenssehnsucht der Schriftpropheten in vorexilischer Zeit bleiben sie aber konsequent. Die Vorstellung, dass der Heilswille Gottes größer sei als die Schuld Israels, dass also, was immer auch geschieht, Gott nur für sein Volk eintrete, war für sie untragbar geworden. Nur deshalb können wir verstehen, mit welcher Vehemenz gegen die sogenannten ›falschen‹ Propheten gepredigt wurde.[48]

»Und der Prophet Jirmejah sprach zu Chananjah, dem Propheten: Höre doch; Chananjah, der Ewige sandte dich nicht, aber du hast dieses Volk auf Lug gestützt. Darum, so spricht der Ewige: Sieh, ich schicke dich vom Erdboden hinweg, dieses Jahr wirst du sterben, denn Abtrünnigkeit redetest du wider den Ewigen. Und Chananjah starb in jenem Jahre, im siebten Monde« (Jeremia 28, hier Verse 15–17). Nun ist zwar die Argumentation dieser Gruppe, der »Heilspropheten« (Hans Heinrich Schmid), nur aus der Polemik ihrer Gegner überliefert, aber es lässt sich in jedem Fall feststellen, dass Männer wie Hananja einen nationalreligiösen Erwählungsglauben vertraten, der davon ausging, dass Gott auch ›schalom‹ gebe, wenn Israel versage. Demgemäß kündigten sie dem Volk gutes Ergehen an, obwohl die schwierige politische Situation augenscheinlich anderes verhieß.[49]

Dagegen entbrennt der Widerspruch der Schriftpropheten Jeremia und Ezechiel, die daran festhalten, dass die Vergehen des Volkes gegen Gott und seinen

Willen schuld am Unfrieden sind.⁵⁰ Ihrer Meinung nach könne es ›schalom‹ nur dann geben, wenn das Verhalten des Volkes intakt wäre.

Natürlich stellt sich die Frage, warum letzten Endes die Schriftpropheten in den biblischen Kanon aufgenommen wurden, nicht jedoch die Heilspropheten. Der Grund dürfte in der offensichtlichen Fehlspekulation der Heilspropheten liegen. Mit der historischen Tatsache des babylonischen Exils war die Unrichtigkeit ihrer Lehren zur Genüge erwiesen, weshalb sie der Vergessenheit anheimfielen.

Die vorexilische Prophetie baut also nach wie vor auf der Jerusalemer Kulttradition auf. Trotzdem eröffnet sie ein neues universales Denken, von dem wichtige Impulse für die Weiterentwicklung jüdischer Theologie ausgehen.

Festzuhalten bleibt, dass die vorexilische Schriftprophetie im Bereich der Politik keineswegs die Frage nach dem Frieden und Wohlergehen des Menschen in den Mittelpunkt stellt, sondern die Ehre Gottes (vgl. auch Hiob 25,2): »Wo sich der Mensch an Gott versündigt, muss er die Folgen tragen« (Hans Heinrich Schmid).⁵¹

Nach dem politischen Untergang und dem damit einhergehenden babylonischen Exil wird ein Einschnitt im theologischen Denken sichtbar. Das vorexilische Israel hatte seine Existenz als Nation und den Besitz des Landes direkt auf Gottes Tatkraft zurückgeführt. Der Auszug aus Ägypten unter Moses Führung und die Einnahme Kanaans waren nach altisraelitischem Verständnis Gottes leitender Hand zuzuschreiben. Durch die geschichtlichen Ereignisse schien die Verheißung von Landbesitz, Mehrung und Segen hinfällig geworden zu sein. Weggeführt in ein fernes Land, ohne König und Tempel, schien die Frage aufzutauchen, ob Gott sein Volk denn verlassen habe. Durch die Schriftprophetie war dieser Glaubenskonflikt einer Lösung zugeführt worden: Die Schuld Israels hat Gottes Strafe auf das Volk gelenkt. Der Ruf nach Umkehr war ergangen, um Gottes Gunst wiederzuerlangen und so ein Leben in Frieden führen zu können.

In der geschilderten hoffnungslosen Situation des Exils trat eine plötzliche Wendung ein, die buchstäblich eine Euphorie im gesamten jüdischen Geistesleben zur Folge hatte. Der persische König Kyros erhob sich gegen Medien, dessen Vasall er bisher gewesen war, und begann damit einen Siegeszug ohnegleichen. Als eine Folge davon konnte im Jahre 537 v. d. Z. eine erste Gruppe von Rückwanderern die Heimkehr ins ›Verheißene Land‹ antreten, um dort ein religiös autonomes Leben zu führen. Unter Kyros' besonderer Förderung (Esra 1,2–4) wurde mit der Neuerrichtung des Tempels in Jerusalem begonnen.

Diese günstigen Vorzeichen machten grundlegend neue Denk- und Glaubensweisen möglich, die auch die Friedenshaltung veränderten. War in vorexilischer Zeit der zentrale Begriff die Umkehr, so wird es jetzt der Frieden. Das durchlittene Schicksal der Vernichtung und des Exils wird als Buße für die Schuld Israels gewertet, als Strafgericht Gottes, das nun zu Ende ist.[52] So beginnt das Buch Deuterojesaja (Jesaja 40–55) mit der Ankündigung, dass Israels Schuld abgegolten sei, »dass von des Ewigen Hand es empfangen für all seine Sünden Doppeltes« (Jesaja 40,2).

Damit scheint der Weg frei für Gottes Heil und Frieden[53], wie es geweissagt worden war. Die Zäsur des Exils wird als so schwerwiegend empfunden, dass der Neubeginn bewusst mit dem Anfang der Eigenstaatlichkeit in Verbindung gebracht wird. Der Auszug aus Babylon wird als Heilsereignis ähnlich dem des Auszugs aus Ägypten gewertet, die neuerliche Landnahme steht für die Ankommenden in enger Beziehung zur ursprünglichen.[54] Somit ist die Zuversicht in Gottes Wort wieder gesichert (Sacharja 4,6), seine Verheißungen haben auch durch die Zeit des Gerichts hindurch nichts an ihrer Beständigkeit verloren[55], und Gott hat sich als der Allmächtige und Einzige bewiesen[56], der mit seinem Volk einen neuerlichen Bund schließt (Jesaja 55,3–5). Deshalb wird auch auf die Friedensverheißung Gottes vertraut[57], der Anbruch der Heilszeit scheint nahe.[58] Der Gleichlauf zum Auszug aus Ägypten legt auch einen Parallelismus zwischen Mose und der Messiasgestalt nahe.

Eine besondere eschatologische Hoffnung entzündet sich am Bau des Zweiten Tempels. Die Propheten Haggai und Sacharja machen deutlich, welche religiösen Hoffnungen mit dem Wiederaufbau verbunden waren. Mit der Grundsteinlegung für diesen Sakralbau wird Entbehrung, Not und Unsicherheit der Anfangszeit in der Heimat schwinden. Mit dem Tempel wird eine neue Zeit des Friedens und Segens anbrechen. Die Tugenden der Wahrheitsliebe und Gerechtigkeit werden neuerlich bekräftigt.[59]

Noch eindringlicher wirkt es, wenn Haggai von der Erschütterung der ganzen Welt und ihrer Bewohner spricht, die ihre Kostbarkeiten zur Ausstattung des Tempels bringen werden. Dafür wird sie Gott mit dem höchsten aller Heilsgüter, dem allgemeinen, alles umfassenden Frieden beschenken.[60]

Aber dieser Freudenrausch angesichts des greifbaren Anbruchs eschatologischer Zukunft sieht sich nur zu bald vor ein großes Problem gestellt, das ähnlich auch die urchristliche Gemeinde bei der baldigen Erwartung der Wiederkunft Jesu berührt: Die Heilszeit bleibt aus.

Die logische Folge solcher Erfahrung war, dass die endzeitlichen Erwartungen ganz einfach in eine weite Zukunft gerückt wurden, die keinen direkten Bezug mehr zur geschichtlichen Gegenwart besaß.

Diese Friedenszeit bleibt aber trotz zeitlicher Entfernung das Endziel am Horizont, das man sich umso schillernder ausmalt, je weiter man noch davon entfernt ist. Dazu Rabbiner Max Wiener: »Das messianische Reich ist nicht das Ende dieser Welt, es ist die Verwirklichung der Ideale der Sittlichkeit; es bringt den göttlichen Geboten ihre Erfüllung. Die Propheten kennen nur eine Welt, die irdische. Sie erhält einen Ewigkeitswert als der Schauplatz der kämpfenden, irrenden und schließlich in der Erfüllung der göttlichen Lehre geeinten Menschheit.«[61]

Eine zentrale Stelle hierzu bietet wiederum das Jesaja-Buch, das in Kapitel 60 Jerusalems künftigen Glanz schildert, unter der Verwendung der nun schon geläufigen Bilder. Es scheint sich allerdings auch ein Kreis zu schließen, denn wieder ist von der künftigen Größe Israels die Rede, von der Unterwerfung oder Vernichtung widerspenstiger Völker[62], ganz wie zu Zeiten des ersten nationalen Rausches. ›schalom‹ bleibt relativ bezogen auf die, die zu Gott halten. Insoweit ist er universal.[63] Mit ihnen schließt er seinen Friedensbund (Numeri 25,12), aber für die Frevler gibt es keinen Frieden, da sie selbst in ihrem Handeln kein ›schalom‹ kennen.[64]

Der biblische Ursprung der Messiasidee

Ezechiel verbindet seine Endzeiterwartung mit einer Person, die an die Regierungszeit des Königs David anknüpfen soll und damit das Friedensreich auf Erden errichten wird. Dies ist ein weiteres wichtiges Element, das zur Erwartung des Friedenszeitalters hinzutritt und gesonderte Behandlung verdient, denn nicht nur bei Ezechiel taucht dieses Phänomen auf, auch schon Jesaja erwartet einen ›sar schalom‹, einen Friedensherrscher, den er ebenfalls mit David in Verbindung bringt (Jesaja 9,1–6). Auch hier wird, ähnlich wie beim Problem des Tierfriedens, der Mechanismus »Urzeiterinnerung wird Zukunftserwartung« erkennbar.

Augenscheinlich vertrauen die Propheten nicht allein auf die Kraft des Individuums, Gottes Gebote zu erfüllen, Recht und Gerechtigkeit in die Welt zu bringen und Erlösung zu erlangen; sie erwarten vielmehr einen Menschen, auf dem »der Geist des Ewigen« ruht (Jesaja 11,2), der durch Einnahme einer Führungsrolle die allgemein menschlichen Schwächen überwindet und durch sein Wirken den Friedenszustand herbeiführt.

Ob dieses mangelnde Vertrauen in die Mitmenschen theologisch zu rechtfertigen ist, mag offenbleiben, vor allem weil der Gedanke an einen personifizierten Messias in der jüdischen Theologie des 19. und 20. Jahrhunderts mehr und mehr dem abstrakten Begriff eines »Messianischen Zeitalters« wich.[65] Ich halte es aber durchaus für lohnenswert, die Spur zum Ursprung dieser Idee zurückzuverfolgen.

Wie an anderer Stelle bereits gesehen, spielt das altorientalische Denken in der israelitischen Vorstellungswelt eine nicht zu unterschätzende Rolle. So auch hier.

Bei einer Analyse von Jesaja 9,5ff. stellt sich heraus, dass dort Reste altorientalischer Inthronisationsformeln und damit Ausdrucksformen der altorientalischen Königsideologie nachwirken. »Im ursprünglichen Verständnis der Formulierung wird sowohl in der Namensgebung als auch in der Zusage des andauernden ›schalom‹ formuliert, was sich durch die (magische) Wirksamkeit des Namens und des (rituellen) Wortes auf den König übertragen soll« (Hans Heinrich Schmid).[66]

Allerdings verwehrt die altisraelitische Religion eine magische Auffassung der königsideologischen Texte. Gleichwohl waren sie beim Volk, in dessen Frömmigkeit magische Vorstellungen durchaus ihren Platz hatten, bekannt und als richtig akzeptiert.[67]

Die Kluft zwischen Anspruch und politischer Realität war jedoch auffallend, weshalb eine Bedeutungsverschiebung nicht aufzuhalten war. Die Aussagen der Königsformulare wurden deshalb nicht mehr auf die Gegenwart bezogen, sondern als Erwartung für ein Idealkönigtum in die Zukunft verlegt. Damit war der Ansatz für eine messianische Erwartung gegeben.

Jesajas Ankündigung gilt zunächst nicht dem endzeitlichen König im Sinne eines Gottesreiches, sondern einem durchaus geschichtlichen Herrscher, der Friedensfürst insoweit ist, wie jeder altorientalische König auch[68], später aber, losgelöst von diesem Ursprung, als israelitischer Idealherrscher interpretiert wird.

Wie schnell die Propheten vorexilischer Zeit den Anbruch ihres geweissagten Friedensreiches erwarteten, ist nicht leicht zu beantworten, aber die Tatsache, dass jener ›sar schalom‹ in Beziehung zur früher herrschenden Königsdynastie gesetzt wird (Jesaja 11,1–10; auch hier Erwartung eines David-Nachfahren), und die zeitliche wie inhaltliche Nähe vorexilischer Propheten zur Jerusalemer Kulttradition scheint nahezulegen, dass jene Prophetien eher mittelfristig für erfüllbar gehalten wurden. Zur Illustration möge Psalm 72 dienen, der den Frieden als Leistung eines Idealkönigs betrachtet, wobei der ursprüngliche Bezug auf die israelitischen Könige noch spürbar ist. Die Erwartung des Messias in einer mehr oder weniger nahen Zukunft sollte aber nicht zu dem Trugschluss verleiten, dass die Menschen völlig untätig jenem Friedensfürsten entgegensehen könnten. Neben dem bereits erwähnten Element der Umkehr werden die Propheten nicht müde zu fordern, »immer wieder das Unmögliche in Angriff zu nehmen, Recht, Gerechtigkeit und Liebe zu üben, Frieden zu schaffen« (Hans Heinrich Schmid).[69] Der Messiasgedanke hat noch eine erhebliche Bedeutung für das Judentum, wie wir in der Folge sehen werden.

Wir können folgendes Fazit ziehen: Im Zentrum der biblischen Friedenshoffnung steht nicht der Ausblick auf einen neutralen Weltfrieden, an dem alle nebeneinander teilhaben werden, sondern vielmehr die Macht Gottes und seine Durchsetzung als Weltautorität. Dieses Anliegen hat aber unverkennbare wesentliche Konsequenzen für die Frage nach dem Frieden, ist es doch mit dem Gebot sittlichen Lebenswandels eng verbunden. Die Forderung nach Sittlichkeit, nach »Heiligkeit« (Levitikus 19,2), besonders aber die Betonung der Gemeinschaftstugenden Recht und Gerechtigkeit stehen in direkter Beziehung zum Zustand des (endgültigen) Friedens, da durch die sittliche Vervollkommnung der Menschen eine innere Befriedung erreicht wird, die als Voraussetzung für Frieden überhaupt notwendig ist.[70] Dies gilt besonders für den Endfrieden, der sich doch durch eine totale Harmonie der Welt auszeichnen soll, auf der Grundlage der Waffenruhe und -vernichtung.

Hermann Gunkel verkürzt dies auf den Satz: »Gleichberechtigung der Völker und darum Friede auf Erden, das ist der letzte Gedanke der alttestamentarischen Religion«.[71] In diesem Zustand der Harmonie zwischen den Menschen untereinander und den Menschen mit Gott ist der göttliche Heilsplan erfüllt, der Mensch hat sich dann zum vollkommenen Wesen, zum »Ebenbild Gottes« entwickelt, dem das Einhalten der gesamten sittlichen Ordnung selbstverständlich ist.[72] Auf einen Nenner gebracht bedeutet dies: Friedensordnung ist Schöpfungsordnung, Endzeiterwartung wird zum Urideal.

Die jüdisch-hellenistische Symbiose

Etwa um 450 v. d. Z. endet mit Maleachi das prophetische Zeitalter. Die folgende Periode bis zum römisch-jüdischen Krieg 66 n. d. Z. und der endgültigen Zerschlagung des jüdischen Gesellschaftsbildes 70 n. d. Z. durch Titus war geprägt von vielfältigen politischen Wirren und geistigen Auseinandersetzungen. Das Israel damaliger Tage war – von inneren Konflikten einmal abgesehen – vor allem durch die Kulturkämpfe mit Hellenisten und Römern bewegt. Aber jüdisches Denken beschränkte sich nicht nur auf das israelitische Siedlungsgebiet. Längst waren in allen Teilen der damals bekannten Welt jüdische Gemeinden entstanden, die im Gedankenaustausch mit ihren Nachbarn erheblichen Einfluss ausüben konnten, aber auch umgekehrt fruchtbare Anregungen empfingen.

Über individuelle Friedfertigkeit und eine Zukunft ohne Krieg: Die ›sefarim chizonim‹

Die Betrachtung der Entwicklung nach der Errichtung des Zweiten Tempels darf nicht abgeschlossen werden, ohne auf einen anderen Bereich der Literatur eingegangen zu sein, die ›sefarim chizonim‹ (»außerhalb des Kanons stehende Schriften«, das heißt Apokryphen und Pseudepigraphen), die nur Eingang in die griechische Bibelübersetzung, die Septuaginta, fanden. Ihre Datierung ist außergewöhnlich schwierig, doch im Allgemeinen sind sie jünger als 444 v. d. Z. und teilweise erst nach der Zeitenwende entstanden.[73] Um die ›sefarim chizonim‹ und die gesamte folgende Geistesentwicklung richtig einschätzen zu können, ist es wichtig, auf eine bedeutsame Wandlung im religiösen Denken Israels einzugehen.

Seit der Volkwerdung am Sinai war der Mensch weniger als Individuum betrachtet worden, sondern vor allem als Teil des Volkes, das der eigentliche Partner im Bund mit Gott war. Denn primär betraf die Auserwählung durch Gott das Volk und nicht das Einzelwesen. In Anlehnung an die beiden Schöpfungstexte (Genesis 1,26f.; Genesis 2,7.22), die für die Einschätzung des Menschen große Bedeutung haben, und an die Schilderung der Lebensgeschichten der Erzväter und ihrer Familien lässt sich jedoch behaupten, dass ursprünglich sehr wohl die Möglichkeit einer individuellen Beziehung zu Gott im Vordergrund gestanden hat. Dieses natürliche Bedürfnis findet auch in der Jerusalemer Kulttradition ihren Ausdruck[74], wie viele Psalmen zeigen (Psalm 1; 3; 4; 5 u. v. a.).

Eine wirkliche Entwicklung in diese Richtung kündigt sich mit Jeremia an, dessen Prophetie ein starker individualistischer Zug innewohnt: Der neue Bund liegt im Herzen des Einzelnen begründet (Jeremia 31,31–34). Ein Zug, den man später auch bei Ezechiel findet (Ezechiel 3,16–21; 18,3–32; 32,1–20).

Mit dem babylonischen Exil schließlich, das den Opferkult in Jerusalem unterbricht, wird die Verbindung des Einzelmenschen zu Gott durch die starke Betonung des Gebets als Opfer-Ersatz ins Blickfeld gerückt.

Die prophetische These der Umkehr beinhaltet gleichzeitig das Prinzip des sittlichen Lebenswandels, der zweifellos von jedem Einzelnen geführt werden muss, um letztlich eine Veränderung des Gesellschaftsverhaltens herbeizuführen.

Diese gewünschte Veränderung zielt, wie schon dargestellt wurde, auf ein Friedenszeitalter ab, und zwar auf den Zustand der Friedfertigkeit in der Gegenwart ebenso wie auf die Friedensendzeit in der Zukunft. Jene ist direkt mit den Zuständen in der Gegenwart verbunden, wie wir aus der Entwicklungsgeschichte des Friedensgedankens erschließen können.

Die apokryphen und pseudepigraphischen Schriften haben demzufolge zwei Stoßrichtungen: die Friedfertigkeit der Menschen untereinander und die Errichtung des ewigen Friedens.

Eines der ältesten Bücher, die »Sprüche Jesu, des Sohnes Sirachs« (um 190 v. d. Z)[75] findet deutliche Worte, wenn es darum geht, friedenszerstörende Missstände im zwischenmenschlichen Bereich anzuprangern: »Den Ohrbläser und den Doppelzüngigen verfluche; denn viele, die in Frieden lebten, brachten sie ins Verderben« (Sirach 28,13).[76] So hat Ben Sirach an drei Dingen Gefallen, die »lieblich vor dem Herrn und Menschen« sind: »Eintracht unter Brüdern und Freundschaft unter Genossen, und dass sich Weib und Mann ineinander schicken« (Sirach 25,1). Deshalb verabscheut er Zorn und Hass und preist »den Gott Israels, der Wunderbares auf Erden getan hat, der die Menschenkinder aus ihrem Mutterschoß geschaffen hat und sie leitet nach seinem Willen, um ihnen Weisheit des Herzens zu schenken, und damit Friede unter ihnen sei« (Sirach 50, 22–24).

Auch der Aristeasbrief (um 90 v. d. Z.) appelliert an die Vernunft des Einzelnen, Gerechtigkeit zu üben und die Gewalt zu verabscheuen: »Er (der Hohepriester Eleasar) deutete nun ... an, dass die, welchen das Gesetz gegeben ist, in ihrer Seele Gerechtigkeit pflegen und niemanden im Vertrauen auf ihre Kraft vergewaltigen und ihm etwas nehmen, sondern in Gerechtigkeit ihr Leben führen sollen ... Damit nun wollte der Gesetzgeber die Vernünftigen bedeuten, gerecht zu sein, keine Gewalt zu üben und nicht im Vertrauen auf ihre Kraft andere zu vergewaltigen« (Aristeasbrief 147–148).[77]

Die Gerechtigkeit als Schlüssel zum Frieden begegnet uns ebenfalls in den Mahnreden des Henoch (um 120 v. d. Z.), der dem Weg des Todes den des Friedens gegenüberstellt. Frieden wird also mit Leben gleichgesetzt. »Und nun sage ich zu euch, meine Söhne: Liebt die Gerechtigkeit und wandelt in ihr! Denn die Pfade der Gerechtigkeit verdienen, angenommen zu werden, aber die Wege der Ungerechtigkeit vergehen und schwinden plötzlich ... Und nun sage ich zu euch, ihr Gerechten: Wandelt nicht auf dem ›Wege der Bosheit‹ noch auf den Wegen des Todes. Nähert euch ihnen nicht, damit ihr nicht umkommt, sondern sucht und wählt euch die Gerechtigkeit und ein frommes Leben und wandelt auf den Wegen des Friedens, damit ihr leben und glücklich sein könnt« (Henoch 94,1.3–4).

Lauterkeit, Wille zum Ausgleich, Gewaltlosigkeit, Gerechtigkeit und Wahrheitsliebe, kurz: sittliches Handeln, sind also die Voraussetzungen für ein friedvolles Leben in der Gegenwart und Wegbereiter für den ewigen Frieden in der Zukunft, der in ähnlichen Bildern geschildert wird wie in vergangenen Jahrhunderten, ja vielfach verklärt erscheint.

»Viele Völker werden von weit her kommen zu dem Namen des Herrn, unseres Gottes, mit Geschenken in den Händen, Geschenken für den König des Himmels« (Tobit 13,11).

»Voll aber werden die Städte und die fetten Fluren von Gütern sein und kein Schwert auf der Erde noch Kriegslärm; noch wird ferner die schwer seufzende Erde erschüttert werden. Nicht Krieg noch auch Dürre wird ferner auf Erden sein, nicht Hunger und die Früchte verwüstender Hagel; sondern großer Friede auf der ganzen Erde. Und ein König wird dem anderen Freund sein bis zum Ende der Zeiten und ein gemeinsames Gesetz auf der ganzen Erde wird der Unsterbliche im gestirnten Himmel den Menschen vollenden. Alles, was geschehen ist von den elenden Sterblichen. Denn er allein ist Gott, und es gibt keinen anderen mehr« (Sibyllinen II, 750–761).[78]

»Alsdann (wenn die Friedensstörer beseitigt werden) wird sich die Wonne offenbaren, und Ruhe wird erscheinen. Und alsdann wird Gesundheit herabsteigen im Tau, und Krankheit wird sich entfernen. Und Sorge und Trübsal und Seufzer werden unter den Menschen vergehen, und Freude wird auf der ganzen Erde einherwandeln, und es wird auch niemand vorzeitig sterben, und nicht wird sich plötzlich etwas Widriges ereignen. Und Prozesse und Anklagen und Streitigkeiten und Rachetaten und Blut(schuld) und Begierden und Neid und Hass und alles dem Ähnliche wird der Verdammung anheimfallen, indem es ausgerottet werden soll. Denn diese Laster sind es, die diese Welt mit den Übeln erfüllten, und um ihretwillen geriet das Leben der Menschen in arge Verwirrung. Und die wilden Tiere sollen aus dem Wald kommen und den Menschen zu Diensten sein; und die Nattern und Drachen werden aus ihren Löchern herauskriechen, um sich den kleinen Kindern zur Verfügung zu stellen. Und auch die Frauen werden alsdann keine Schmerzen mehr (zu leiden) haben, wenn sie gebären, und nicht werden sie sich quälen, wenn sie die Früchte ihres Mutterschoßes zur Welt bringen« (syrische Baruch-Apokalypse 73,1–5).[79]

Es ist eine bemerkenswerte Übereinstimmung mit den Weissagungen der Propheten festzustellen, wobei die ›sefarim chizonim‹ sogar direkt an den Zustand im Paradies anknüpfen, etwa wenn sie den Tierfrieden ansprechen, aber noch deutlicher mit der Voraussage, dass die Geburtswehen ein Ende haben werden. Denn mit der Vertreibung aus dem Paradies haben der Bibel nach diese Schmerzen erst begonnen (Genesis 3,16). Damit gehen die Autoren der ›sefarim chizonim‹ weiter als die kanonischen Bücher. Dies dürfte allerdings, gerade bei den sibyllinischen Texten, auf hellenistischen Einfluss zurückzuführen sein. So sehe ich einen starken Bezug zum ›Goldenen Zeitalter‹ des Hellenismus. In jedem Fall wird deutlich, welche Verbreitung die prophetischen Lehren auch noch Jahrhunderte später finden konnten.

Krieg und Frieden bei Philo und Josephus

Inhaltlich wie zeitlich steht die hellenistisch-römische Literatur jüdischer Autoren in engstem Zusammenhang zu den Apokryphen und Pseudepigraphen. Als Beispiel möge der jüdisch-hellenistische Denker Philo von Alexandria (20 v. d. Z. bis 54 n. d. Z.) dienen.

Philo geht es darum, alles, »was an Unsterblichkeit in uns ist«, zu entfalten, um einen höchstmöglichen Grad an Frieden auf Erden zu verwirklichen. Die Wurzeln des friedlosen Daseins liegen für ihn in den um Recht und Unrecht unbekümmerten Leidenschaften des Eigennutzes. Wenn es gelänge, diesen einzudämmen, könnte der Frieden den Menschen wie alles Gute durch Gottes Großmut »automatisch« zufallen, da dann die Anlagen der Tugend in Menschen walten würden, die »Gott liebt«.[80] Der Mensch als Ebenbild Gottes (Genesis 1,27) sei Krone der Weltschöpfung, aber das Menschengeschlecht habe sich von seiner Bestimmung entfernt, sei dem Gottesbild unähnlich geworden. Der Begriff von der ›gefallenen Schöpfung‹ drängt sich hier auf. Dieses Versagen ist für Philo auch Grund zur Annahme, dass das Menschengeschlecht selbständig gar nicht mehr dazu fähig sei, den Zustand permanenten Friedens zu erreichen. Aber Gott verpflichte die Menschen durch seine Lehre zur Tugend und zum Frieden, um sie durch einen dem Frieden dienlichen Lebenswandel in »Rechtlichkeit und Liebe« vorzubereiten auf den ewigen Frieden als Gottesgeschenk: »Das ist es aber hauptsächlich, was der fromme Prophet (Mose) durch seine ganze Gesetzgebung erreichen will: Eintracht, Gemeinschaftsgefühl, Gleichheit der Gesinnung und Harmonie der Charaktere, Eigenschaften, durch die Familien und Städte, Völker und Länder, überhaupt das ganze

Menschengeschlecht zur höchsten Glückseligkeit gelangen können«.[81]

Wie dieses Gottesgeschenk darüber hinaus aussehen soll, kann man aus ›De praemiis et poenis‹ ersehen: »(Krieg), der mit Absicht geführt wird und aus Habsucht entsteht, wird sich alsdann leicht beseitigen lassen; denn die Menschen werden, wie mir scheint, Scham darüber empfinden, dass sie sich roher zeigen als die vernunftlosen Tiere, nachdem sie den Schädigungen und Verletzungen entronnen sind. Denn es wird natürlich als große Schande angesehen werden, wenn die giftigen und menschenfressenden und ungeselligen Tiere sich zum Frieden bekehren und versöhnlich werden, das von Natur zahme Geschöpf dagegen, dem geselliger Sinn angeboren ist, der Mensch, von unversöhnlicher Mordgier gegen seinesgleichen sein würde.«[82]

Erneut tritt das Moment des Tierfriedens auf, der hier sogar dem Menschen als Beispiel dienen soll, um als ursprünglich friedliches, sogenannt vernunftbegabtes Wesen sein falsches Tun einzusehen.

Trotz der griechischen, speziell platonischen[83] Einflüsse, die auf Philo eingewirkt haben, begegnet uns im Kern eine Friedensvorstellung, die wir eigentlich schon kennen. Der hohe Anspruch an die Menschen, den sie nicht erfüllen, die geforderte Rückbesinnung auf Gottes Lehre zur Erlangung des Friedens, eines Friedens, der seine Vollendung in der Zukunft finden wird, dies alles gründet auf israelitischer Prophetie. Ganz besonders wichtig ist meines Erachtens aber die Universalität von Philos Theorie. Sie gibt ein hervorragendes Beispiel für die Offenheit des Judentums gegenüber seiner damaligen Umwelt, eine Offenheit, die selbstverständlich auch auf Überzeugung heidnischer Kulturen abzielte.

In der Tat war das Judentum gerade in hellenistischer Zeit eine missionierende Religion gewesen, und nicht zuletzt Philo berichtet über die allgemeine Annahme des jüdischen Glaubens in weiten Teilen der römischen Welt.[84] Auch der jüdisch-hellenistische Historiograph Flavius Josephus (37–100) vermittelt davon einen Eindruck: »Dass übrigens eine Gesetzgebung sich in so hervorragender Weise von den anderen unterschied und zum Gemeingut wurde, erklärt sich daraus, dass sie die Frömmigkeit nicht zu einem Bestandteil der Tugend machte, sondern die übrigen guten Eigenschaften wie Gerechtigkeit, Standhaftigkeit, Besonnenheit, vollkommene Eintracht der Bürger untereinander als Äußerung der Frömmigkeit erkannte und sie demgemäß erläuterte. Denn alle Handlungen, Beschäftigungen und Reden haben bei uns Beziehungen zur Frömmigkeit gegen Gott.«[85]

Josephus verweist damit auf die prophetischen Visionen von der Völkervereinigung zur Ehre Gottes, die ich bereits angesprochen habe.

Philo allerdings – und er ist nur ein Beispiel seiner Zeit – ist weiter gegangen als die Propheten, wenn er den Menschen als solchen betrachtet und nicht mehr zwischen Nationen unterscheidet. Dem entspricht auch die Hervorhebung in ›De specialibus legibus‹ (l), dass der israelitische Hohepriester seine Bitt- und Dankgebete für die gesamte Menschheit und die ganze Welt spreche, im Gegensatz zu den Priestern der anderen Völker.[86]

Flavius Josephus betonte die Unparteilichkeit Gottes in Kriegen und berichtete von einem nahe Jerusalem lebenden Gerechten, dessen Gebet von seinen Zeitgenossen als besonders wirksam eingeschätzt wurde. In dem kriegerischen innerjüdischen Konflikt zwischen den Makkabäern Aristobul, König von Judäa, und Hyrkanos, Hohepriester zu Jerusalem, kam es 63 v. d. Z. zur Belagerung Jerusalems, bei der die Soldaten des Hyrkanos Onias zwingen wollten, den belagerten König und seine Anhänger zu verfluchen. Onias dagegen betete, dass Gott keine der beiden Kriegsparteien unterstützen solle. Das Gebet des Onias nach Josephus: »O Gott, König der ganzen Welt! Sowohl die, die jetzt um mich stehen, sind dein Volk, als auch die, die belagert werden, sind deine Priester. Also bitte ich dich, dass du weder die Gebete jener gegen diese erhörst noch die Gebete dieser gegen jene zur Erfüllung bringst«.[87] Er äußerte sich auch zur Gewaltlosigkeit in seinem Geschichtswerk ›Der jüdische

Krieg‹. »Nichts dämpft die Kraft der Stöße so wie die Geduld, mit der man sie erträgt; und das Schweigen derer, die verletzt werden, bringt den Verwunder von seiner Peinigung ab.«[88]

Das genannte Werk beschäftigt sich mit den Wirren in Israel seit der Makkabäerzeit (170 v. d. Z.) bis zum Fall der Bergfestung Massada (73 n. d. Z.). Drei Jahre zuvor war Jerusalem von Titus geschleift worden, ein Ereignis, das neuerlich einen großen Wendepunkt in der Geschichte des Judentums markiert: den Abschluss der Wandlung vom Opferkult zur Religion des Buches und die verstärkte Umbildung von der Volks- zur Religionsgemeinschaft.

Krieg und Frieden in der rabbinischen Literatur

Nach Beendigung des römisch-jüdischen Kriegs schien die Lage hoffnungslos. Der Publizist Werner Keller schildert die Situation so: »Der Vorhang war gefallen – zugrunde gegangen die Stadt, Jerusalem zerstört, zusammengestürzt der Tempel! Umgekommen und zerstreut in alle Welt war die Mehrzahl der Bewohner des Landes – getötet im Kampf, verschleppt als Gefangene und Sklaven, geflüchtet, um in der Ferne Schutz und Obdach zu suchen. Verödet und verwüstet lag Judäa, in Trümmern seine Städte und Dörfer. Witwen und Waisen waren zurückgeblieben, Entkräftete, Kranke und Verwundete. Unbestellt verkamen die Äcker, ohne Pflege wucherten Ölgärten und Weinberge. Düster und trostlos war alles. Was schien hier noch zu erhoffen?«[89]

Aber der jüdische Geist versiegte nicht. Denn es gelang den Toralehrern, aus dem scheinbaren Nichts erneut tätiges religiöses Leben aufzubauen. Dies konnte aber nur geschehen, weil sich neben dem Tempel als Kultort längst andere Mittel der Glaubensausübung entwickelt hatten. Die Einrichtung von Synagogen wird auf die Zeit des Zweiten Tempels zurückgeführt. Durch das Gebet als Ersatz für den Opferdienst und die Schriftauslegung zur Erforschung des göttlichen

Willens war die Möglichkeit gegeben, ohne Tempel das religiöse Bewusstsein aufrechtzuerhalten.

In den entstehenden Lehrhäusern, allen voran in Jawne, ging man daran, die mündlichen Überlieferungen zu sammeln und weiter zu pflegen, zunächst ebenfalls durch mündliche Weitergabe. Später jedoch begann man mit der schriftlichen Niederlegung. So entstand um 200 n. d. Z. die Mischna, etwa dreihundert Jahre später der Talmud in der jerusalemischen und der babylonischen Ausgabe.[90] Daneben sind verschiedene Baraitot (Lehrmeinungen) überliefert, vermutlich aus der Zeit zwischen 70 und 250 n. d. Z., die nicht in die Mischna selbst aufgenommen worden waren. Eine weitere Quelle eröffnet sich in den Midraschim, homiletischen Bibelkommentaren, die ebenfalls bereits vor der Zeitwende zu entstehen begannen. Sie bildeten die Bibellehre mit scholastischen Methoden fort.[91]

All diese Schriften talmudischer Zeit vermitteln einen großartigen Einblick in das jüdische Denken der ersten Jahrhunderte christlicher Ära, das jetzt in Bezug auf die Friedensfrage untersucht werden soll. Einen guten Einstieg bietet hierfür einer der kleinen Talmudtraktate, ›Perek Haschalom‹, in dem es heißt: »Groß ist der Friede, denn Gottes Name ist Frieden (Richter 6,24), der Messias wird Frieden genannt (Jesaja 9,5) und Israels Name ist Frieden (Sacharja 8,12).«[92]

Diese Zeilen enthalten alles Wichtige. Gott, einst Herrscher über die Kriegsdämonen (›Adonai Zebaoth‹), erhält den Namen »Frieden«, er selbst ist der Frieden (vgl. Levitikus Rabba 9,9; Numeri Rabba 11,18; Schabbat 10b), weshalb ein Verstoß gegen den Frieden einem Angriff auf Gott gleichkommt.

Der Abschnitt über den Messias verweist auf den endzeitlichen Frieden. Wenn der Messias kommt, hat aller Krieg ein Ende, am Beginn seiner Herrschaft wird der Frieden stehen (Levitikus Rabba 9,9), ja das Friedenszeitalter wird sogar noch vorher anbrechen; drei Tage vor der Ankunft des Messias wird Elija den endgültigen Frieden ansagen[93], damit werden die Waffen so überflüssig werden »wie eine Kerze im Zenit der Sonne« (Schabbat 63a).[94]

Aber auch Israel wird »Frieden« genannt. Das heißt also, dass auch in der Gegenwart der Frieden das große Ziel für jeden sein muss. Denn der Frieden als das Gute schlechthin (Sifra Bechukotai; Numeri Rabba 11,16) wurde Israel geboten[95], auf dass nicht die Welt verwüstet werde durch das Schwert und die wilden Tiere, denn die Welt kann ohne den Frieden nicht existieren.[96] Rabbi Simon ben Chalafta war sogar der Ansicht, dass Gott einzig den Frieden für segenbringend für Israel hält[97], weshalb er dann auch zwischen dem Menschen und der Natur, »zwischen Abraham und dem Feuer, zwischen Isaak und dem Opfermesser und zwischen Jakob und dem Engel am

Jabbok«[98] Frieden stiftet. Die unbedingte Notwendigkeit des Friedens für Israel ist ebenfalls offensichtlich, denn »die Engel im Himmel oben brauchen den Frieden, obwohl sie weder Feindschaft noch Hass, Eifersucht, Missgunst und Bosheit kennen; um wie viel mehr bedürfen die Sterblichen des Friedens« (Levitikus Rabba 9,9).[99]

Deshalb offenbarte Gott seinem Bundesvolk das Fünfbuch der Tora als Quelle der Friedenslehre und segnete es so mit Frieden.[100]

Die Aufgabe der Gelehrten ist es aus diesem Grund, »den Frieden in der Welt zu mehren« (Berachot 64a) und durch ihre Schüler weiter zu verbreiten[101], denn die gesamte Tora besteht nur des Friedens wegen (Gittin 59b), und alle göttlichen Gebote sind mit ihm verknüpft (Levitikus Rabba 9,9). Darum empfiehlt Hillel auch: »Sei von den Jüngern Aharons, den Frieden liebend und nach Frieden strebend (Psalm 34, 16), die Menschen liebend und sie hinführend zur Tora« (Pirke Awot 1,12)[102], denn die Tora ist bedeutender als Priester- und Königtum und wird unter anderem auch dadurch erworben, dass man »seinem Nächsten das Joch tragen hilft und ihn stets nach günstiger Seite beurteilt, ihn auf die Wahrheit bringt und ihm zum Frieden verhilft« (Kinjan Tora 6).[103]

Aus all diesen Gedanken lässt sich erkennen, welch große Bedeutung der Frieden für Tannaiten (Bezeichnung der über 250 Toralehrer im ersten bis dritten

Jahrhundert, deren Lehren den Inhalt der Mischna bilden) und Amoräer (Bezeichnung für die zahlreichen palästinensischen und babylonischen Toralehrer im dritten bis fünften Jahrhundert; ihre Disputationen bilden den babylonischen und jerusalemischen Talmud) hatte. Zusammen mit der Tugend der Gerechtigkeit ist der Frieden wohl unter den häufigsten Begriffen der talmudischen Literatur einzuordnen. Gerade die Friedfertigkeit in der noch nicht erlösten Welt spielt dabei eine herausragende Rolle. Dies ist sicher zum Teil auf den Sittlichkeitsanspruch der Propheten zurückzuführen, aber noch ein weiterer Aspekt scheint dafür verantwortlich zu sein: die Unsterblichkeitslehre und die Lehre vom Gericht Gottes.

Die »Überzeugung von der ewigen Bestimmung der Einzelseele und der individuellen Vergeltung Gottes«[104] hatte besonders seit pharisäischer Zeit an Bedeutung gewonnen. Wohlverhalten des Einzelnen in der diesseitigen Welt war damit wichtig geworden für das Gericht Gottes im Jenseits. Über Jesus und Paulus fand die Unsterblichkeitslehre Eingang in das Christentum, wo sie in den Mittelpunkt der Glaubenserwartung trat.

Demgegenüber verringerte sich der Einfluss dieser Lehre nach zahlreichen Modifizierungen in der jüdischen Religionsphilosophie des Mittelalters und ist heute nicht mehr unverzichtbarer Bestandteil jüdischen Glaubens.[105]

»Diese Welt gleicht dem Vorzimmer zu der künftigen Welt; rüste dich im Vorzimmer, damit du in den Speisesaal eintreten kannst« (Pirke Awot IV, 16).[106]

»Die Tora schärft uns ein, einem Gebot nicht nachzulaufen, sondern es nur zu erfüllen, wenn die Gelegenheit auf uns zukommt. In Bezug auf den Frieden allerdings befiehlt sie uns, ihm nachzujagen« (Numeri Rabba 19,27).[107]

Daran anknüpfend heißt es im Perek Haschalom: »Andere Gebote der Tora sind in das Belieben gestellt, aber das Gebot des Friedens ist uns bedingungslos aufgegeben …«[108] Um den Frieden zu erreichen, ist Vorbedingung, ihn zunächst in sich selbst zu finden (vgl. Awot de-Rabbi Nathan 28,43a).[109] Wie aber könnte der Frieden besser erreicht werden als durch Ausgleich mit der Umwelt?

»Der Mensch sollte stets darum bemüht sein, den Frieden mit seinem Bruder, seinem Verwandten und jedem anderen Menschen zu mehren, sogar mit dem Ungläubigen auf dem Marktplatz, auf dass er hochgeschätzt und wohlbeachtet sei auf Erden und für seinen Nächsten annehmbar« (Berachot 17a).[110]

›Mipenei darchei schalom‹, »um des Friedens willen«, muss sogar die Ehre zurückstehen. Ein Midrasch erzählt vom Rabbi Meir, der einer Frau erlaubte, ihm vor den Schülern ins Gesicht zu spucken, um damit den Frieden zwischen ihr und ihrem Ehemann wiederherzustellen. Dies war nämlich dessen Bedingung gewesen, sich nicht von ihr zu trennen (Levitikus Rabba 9).[111] Darüber hinaus lehrt diese Geschichte, dass solch eine ›Ehrverletzung‹ im Grunde gar keine ist, da doch Gott selbst auf seine Ehre verzichtet, wenn es darum geht, den Frieden zwischen den Menschen zu fördern.[112] Ob seiner Verdienste im Stiften von Frieden sei deshalb auch Aharons Tod mehr beweint worden als sogar der des Führers Mose, obwohl auch dieser als Liebhaber des Friedens galt.[113] Verpönt ist der Streit als Urheber des Unfriedens, und der Mensch mit Selbstbeherrschung wird als der wahrhaft Starke dem Gewalttätigen gegenübergestellt. Daher gibt es zwischen Vertretern verschiedener Lehrhäuser trotz gegensätzlicher Meinungen vielfältige Beziehungen.[114]

»Ben Soma spricht: ... Wer ist stark? Wer seine Leidenschaft bezwingt, denn es heißt [Sprüche 16,32]: ›Besser ist der Langmütige, als ein Held, und wer sein Gemüt beherrscht, als ein Städtebezwinger‹« (Pirke Awot IV,1; vgl. Awot V,11).[115]

In diesem Zusammenhang ist bemerkenswert, dass der Talmud biblische Kriegshelden in ›Helden des Lehrhauses‹ uminterpretiert.[116] Auch Waffen wie das Schwert oder der Bogen, wie sie in der Bibel vorkommen, werden in der Kommentierung mit »Gebet« oder »Gelehrsamkeit« wiedergegeben (Berachot 18b), um Worte des Krieges auszumerzen. So ist auch der Spruch von Rabbi Nathan zu verstehen: »›Helden‹ bedeutet immer ›Helden des Torastudiums‹« (Awot de-Rabbi Nathan 23,1).

Zorn, Hass und Verachtung (Pirke Awot IV,3)[117] sind Fehler, die unter allen Umständen bekämpft werden müssen. Vielmehr soll der Mensch »klug in Demut sein, und in der Erinnerung behalten, dass eine milde Antwort den Grimm vertreibt und den Frieden vermehrt« (Berachot 17), den man jedem Mitmenschen wünschen sollte (Berachot 17a)[118], denn »möge Nahrung auch in Hülle und Fülle vorhanden sein, wenn aber der Friede fehlt, ist es wertlos« (Sifra Bechukotai 1).[119] Aus diesem Grunde wird die Freude über das Unglück eines Feindes als schwere Sünde betrachtet[120], die Gott besonders trifft, denn der Tod jedes Menschen bedeutet die Vernichtung eines Teils seines Schöpfungswerkes (Megilla 10b; Sanhedrin 39b).[121]

In gleichem Geist sagt die rabbinische Auslegung zu Levitikus 19: »Wer auch nur ein einziges Leben rettet, ist anzusehen, als hätte er eine ganze Welt gerettet.«[122] So ist es nicht verwunderlich, dass Israels Erlösung durch den Frieden kommen soll (Deuteronomium Rabba 5, 14)[123] und den Friedensstiftern sicherer Anteil an der künftigen Welt in Aussicht gestellt wird.

In Taanit 22a heißt es: »Ein Rabbi traf Elia einst auf einem überfüllten Marktplatz. ›Meister‹, fragte er, ›wer in dieser Menge ist des ewigen Lebens am meisten gewiss?‹ Der Prophet antwortete und wies auf zwei Männer von unscheinbarem Aussehen hin. Der Rabbi wandte sich an sie. ›Was‹, fragte er, ›sind eure besonderen Verdienste?‹ ›Wir haben keine‹, antworteten sie, ›es sei denn, wir trösten die Menschen, wenn sie in Not sind, und wir machen sie wieder zu Freunden, wenn sie sich streiten.‹«[124] Selbst wenn die Israeliten Götzendienst betreiben würden, aber Frieden unter ihnen wäre, würde Gott sie nicht strafen, und das Böse könnte ihnen nichts anhaben (Genesis Rabba 38,6[125]; Sifre Naso 42[126]).

Es wurde schon auf die Verknüpfung des Begriffs Frieden mit dem der Gerechtigkeit hingewiesen. Nach jüdischem Verständnis ist die Rechtsprechung dem Akt des Friedensschlusses vergleichbar (Sacharja 8,16; Kohelet 3,17), weil das Zerwürfnis zwischen den gegnerischen Parteien durch das richterliche Urteil beigelegt wird.[127] Daher betrachtet Rabbi Simon ben Gamliel (um 140 n. d. Z.) Recht und Frieden zusammen mit der Wahrheit als Stützen, auf denen die Welt steht (Pirke Awot I,18[128]; Jeruschalmi Taanit IV[129]). Wird aber das Recht gebeugt, kommt das Schwert in die Welt (Pirke Awot V,7).[130] Welch negative Einstellung gegenüber Waffen in talmudischer Zeit eingenommen wurde, geht aus Schabbat 6,4 hervor, wo sie »widerwärtig« genannt werden, weshalb es auch verboten war, sie am Gott geweihten, heiligen Schabbat zu tragen. Der Opferaltar für Gott durfte nur aus unbehauenen Steinen gebaut sein, denn wäre Eisen darüber geschwungen worden, hätte man ihn entweiht (siehe Exodus 20,22). Diese Tatsache hat besonders in der späteren Auslegung Aufmerksamkeit erregt. So geht die Mechilta de-Rabbi Jischmael (Bachodesch 11) davon aus, dass der Altar zur Verlängerung der Tage des Menschen geschaffen worden sei, während das Eisen zu dessen Verkürzung diene.[131] Ferner stifte der Altar Frieden zwischen Israel und seinem Vater im Himmel, deshalb solle kein eisernes Werkzeug der Vernichtung über ihm geschwungen werden (Deuteronomium 27,5). Dies wurde aber noch ausgeweitet, denn wenn es schon bei Steinen verboten sei, die doch weder sehen noch hören oder sprechen könnten, um wie viel mehr müsse dann auch der friedensstiftende Mensch vor jedem Übel bewahrt werden (vgl. auch Sifre, Kedoschim 11,8 und den Raschi-Kommentar zu Exodus 20,22). In diesem Zusammenhang ist es bemerkenswert, dass es König David verwehrt wurde, den ersehnten Tempel zu errichten, weil er »Blut in Fülle« vergossen »und große Kriege geführt« (1 Chronik 22,8; 28,3) habe. Erst seinem Sohn Salomo wurde dies erlaubt (vgl. 1 Könige 5,4).

Die bei Rabbi Simon gleichwertigen Tugenden von Wahrheit, Recht und Frieden werden aber noch anders gewichtet. So darf nach talmudischer Aussage zum Heil des Friedens sogar die Wahrheit geopfert werden: »Es ist erlaubt, die Aussage eines

Menschen um des Friedens willen zu ändern« (Jebamot 65).[132]

Wir können deutlich erkennen, wie überragend die Friedensidee mittlerweile in der rabbinischen Literatur verankert ist: »Groß ist der Friede; sogar die Toten brauchen ihn« (Sifre, Naso 42).[133] Die Propheten scheinen nichts anderes verkündet zu haben als den Frieden (Numeri Rabba 11,16), er ist das höchste Ideal sowohl im zwischenmenschlichen Bereich wie auch im Verhältnis der Nationen untereinander geworden. Während in der tannaitischen Literatur das Bewusstsein moralischer Probleme in der Kriegsführung noch wenig ausgeprägt erscheint, zeigen die Amoräer durchaus erste Anzeichen für die Erkennung des grundsätzlichen Problems vom gerechten Krieg. Eine systematische und normative Beschäftigung mit den damit verbundenen Fragen findet sich jedoch erst später in posttalmudischen Sammlungen und mittelalterlichen Kommentaren.[134]

Bemerkenswert ist: Im ›Schulchan Aruch‹, dem 1565 in Venedig erschienenen religionsgesetzlichen Kompendium von Josef Karo (1488–1575), findet sich keinerlei Verweis über das Verhalten im Kriegsfall. Mit Rabbiner Norman Solomon (geb. 1933) lässt sich deshalb im Blick auf eine vermisste politische Ethik für Krieg und Frieden feststellen: »Der rabbinischen Diskussion über den Krieg fehlt ein fester Bezug zur politischen Realität; die rabbinische Gesetzgebung zur

Kriegsführung ist eine historische Rekonstruktion oder messianische Spekulation, nicht das operative Recht eines tatsächlichen jüdischen Staates.«[135]

Die Perspektive hat sich eindeutig verändert. Die friedvolle Gegenwart hat als Thema gegenüber der messianischen Erwartung an Boden gewonnen, vor allem deshalb, weil die Endzeit in weite Ferne gerückt schien.[136] Gleichzeitig hat das Individuum gegenüber dem Kollektiv Israels in der Glaubensausübung an Boden gewonnen.

Exkurs: Der Frieden im Gebet

Die ältesten überlieferten Gebete wurden in talmudischer Zeit niedergeschrieben. In Jalkut 67b[137] heißt es dazu: »Die Waffe Israels ist das Gebet; es ist eine von seinen Vätern ererbte Waffe, die es nie verlassen hat. In der größten Gefahr nahmen die Erzväter und Mose zum Gebete ihre Zuflucht; alle Propheten priesen das Gebet als einzige Waffe Israels. David ging dem mit mächtigen Waffen angetanen Riesen bloß mit dem Namen Gottes bewaffnet entgegen. Die von Esau abstammenden Generationen prahlten gegen Israel mit der von ihrem alten Vater ererbten Kraft und ihrem Schwerte; Israel setzte nur das Gebet von den Vätern ererbt entgegen.«

Dieses Zitat entspricht zwar nicht dem tatsächlichen biblischen Textbefund, zeigt aber ganz deutlich, welche Einstellung zum Waffengebrauch und Blutvergießen jetzt eingenommen wird.

Ein Bestandteil der jüdischen Liturgie, der »Priestersegen«, hat aus der Tora des Mose Eingang in das tägliche Morgengebet gefunden und ist bereits im Tempel zu Jerusalem Teil des täglichen Kultus gewesen.

»Der Ewige segne dich und behüte dich! Der Ewige lasse leuchten dir sein Antlitz und sei dir gnädig! Der Ewige wende dir sein Antlitz zu und gebe dir Frieden!« (Numeri 6,24–26).

Der Segensspruch wird mit dem Wunsch nach Frieden beschlossen. Erst durch den Frieden also scheint das umfassende Glück erreicht. Aber nicht nur der Priestersegen endet mit diesem Wunsch, »es gibt keinen Segensspruch oder kein Gebet in der Liturgie, das Amida, das Kaddisch ... und der Tischdank, das nicht mit dem Gebet um Frieden schließt« (Levitikus Rabba 9,9).[138] Deuteronomium Rabba 5,14: »Alle Segenssprüche enden mit dem Segen des Friedens«[139]; denn ohne Frieden sind alle Segenssprüche wertlos (Numeri Rabba 11,16.17).[140] Im Frieden jedoch sind alle Segenssprüche enthalten.[141]

Das Kaddisch-Gebet ist wohl unter den am häufigsten gesprochenen, wenn es auch fragwürdig erscheint, ob jeder die Botschaft dieser Zeilen bewusst aufnimmt. Die Friedensbitte am Schluss, die seit dem sechsten Jahrhundert jeden Gottesdienst – in orthodoxen Gemeinden auch jeden Liturgieteil – abschließt, lautet: »Der Frieden stiftet in den Himmelshöhen, stifte Frieden unter uns und ganz Jisrael.«[142]

Nach jeder Tora-Lesung heißt es: »Ihre Wege sind Wege der Anmut und alle ihre Pfade voll des Friedens«[143], um dem Beter in Erinnerung zu rufen, welches Ziel alle Lehren haben, die er aus der Tora schöpft. Ein altes Gebet von Raw Safra (280–338), das gewöhnlich nicht mehr liturgisch verankert ist, überliefert der Talmud: »Möge es dein Wille sein, o Herr, unser Gott, Frieden zu schaffen in der himmlischen Familie und in der Familie hier unten« (Berachot 17a).[144]

Hier ist die Rede von der Völkerfamilie, ein Begriff, der Idylle und Eintracht vermittelt und die blutigen Kriege aller Generationen auf das reduziert, was sie sind: unnütze Streitigkeiten. Gleichzeitig verweist dieses Wort auch auf den Endzustand der Welt, auf der dann – nach jüdischer Vorstellung – wirklich eine ideale Familie leben wird. Auch heute noch finden wir Stellen in jüdischen Gebetbüchern, die sich letztlich auf (spät-)talmudische Zeit zurückführen lassen. Dazu gehört beispielsweise das Neumondgebet, in dem zu Beginn jedes Monats um ein »Leben des Friedens« gebetet wird. Auch die achtzehnte Benediktion des Amidagebets gehört in diese Reihe. »Fülle des Friedens wollest Du Deinem Volke Israel verleihen für alle Zeit, denn Du bist der Herr alles Friedens, und so möge es Dir gefallen, zu segnen Dein Volk Israel zu jeder Zeit und zu jeder Stunde mit Deinem Frieden. Gepriesen seist Du, Ewiger, der sein Volk Israel mit dem Segen des Friedens begnadet.«[145]

Das ›Haschkiwenu‹-Gebet, das auch im Talmud Erwähnung findet, ist uns bereits aus dem Midrasch überliefert: »Gib, o Ewiger, unser Gott, dass wir in Frieden uns niederlegen und am Morgen zu neuem Leben wieder erwachen. Breite über uns aus das Zelt des Friedens, leite uns nach Deinem Willen, umhege uns, halte fern von uns Feind und Schwert, Hunger und Seuche und birg uns im Schatten Deiner Fittiche ... Behüte unseren Ausgang und unseren Eingang zum Leben und zum Frieden von nun an bis in Ewigkeit und breite über uns aus das Zelt Deines Friedens. Gepriesen seist Du, Ewiger, der das Zelt des Friedens ausbreitet über uns und ganz Israel und Jerusalem.«[146]

Die angeführten Texte zeigen hinreichend, dass im Gebet ebenso wie in der talmudischen Literatur der Frieden ein zentrales Thema ist. »Jedes wahrhaftige Gebet ist mit dem Samen Jakobs verbunden; jeder siegreiche Krieg mit dem Samen Esaus.« [147] Rabbiner Max Grunwald beschreibt dies so: »Abraham zertrümmert Götzenbilder. Hinter ihm versinkt der grausige Wahn, der Menschenblut als religiöses Opfer fordert. In Esau-Edom, dem Manne, der jagdkundig, dem Manne des Feldes (dürfen wir übersetzen: Feldherr?), lebt aber noch jener Rest aus barbarischer Urzeit, der den bestialischen Trieb in der Menschenseele sich im Blutvergießen austoben lässt. In der Jagd wie im Kriege, die, beide auf demselben Holz gewachsen, durch Gewalt erzielen, was nur Lohn redlicher Arbeit sein darf. Sie wollen ernten, wo sie nicht gesät haben. Esau-Edom verkörpert die Herrenmoral, das Vorrecht, das Ungeistige, Kulturfeindliche. Die seines Geistes vergießen Blut zur Lust im Sport, zur Kühlung nationalen Hasses im Krieg ... In Jakob-Israel tritt dieser Verwirrung der Menschheit, durch Esau-Edom verkörpert, entgegen der ›sesshafte‹ Kulturmensch, das humane Prinzip«.[148]

Die Vorstellung von Gott als Friedensbringer hat also die des Kriegsgottes endgültig verdrängt.

Aber es muss Beweggründe gegeben haben, die es überhaupt zu Veränderungen haben kommen lassen. Die älteste Antriebsfeder scheint die Friedenssehnsucht als solche, die die Menschen dazu brachte, ihre Wünsche auf Gott zu projizieren, in dem sie den Ursprung dessen sahen, was sie für gut erkannt hatten. Ähnliches lässt sich auch in der griechischen Welt feststellen. Die Friedensgöttin Eirene hatte ursprünglich einen äußerst bescheidenen Platz im griechischen Pantheon als eine der drei Horen, der Töchter der Themis. Kultische Verehrung finden wir relativ selten und spät (5.–4. Jahrhundert v. d. Z.). Um das vierte Jahrhundert v. d. Z. aber wird der Frieden als positives Gut geschätzt (Nestle 1938, 57). Auch Vergil, Horaz, Ovid und Properz verabscheuen den Krieg (wohl angesichts des römischen Bürgerkriegs) und begrüßen die ›pax Romana‹ des Augustus als »Goldenes Zeitalter«.[149]

Dies fand seinen Niederschlag in der religiösen Literatur jener Epoche, aber auch im intimen Bereich des Gebets. Verstärkend auf dieses Sehnen mag in jedem Falle die zunehmende Bedrängnis der jüdischen Gläubigen durch das Christentum gewirkt haben, das seit Ende des vierten Jahrhunderts Staatsreligion Roms war. Ohne Zweifel dürfte aber der Verlust des letzten Restes der Eigenstaatlichkeit im römisch-jüdischen Krieg entscheidend gewesen sein, partikularistische Strömungen in der jüdischen Theologie stark abzuschwächen. Ohne Rücksicht auf die realpolitischen Ziele eines Staates oder einer Befreiungsbewegung (etwa der Bar-Kochba-Aufstand 132–135/36) nehmen zu müssen, war dem Judentum in der Geschichte seiner Zerstreuung die Chance eröffnet, die ihm eigenen Friedensideen zur Blüte zu bringen.

Gewalt und Gewaltlosigkeit in der mittelalterlichen Religionsphilosophie

Der Reifeprozess im Denken über Gewalt und Gewaltlosigkeit wurde nicht zuletzt durch die mittelalterliche Religionsphilosophie vorangetrieben, wenn auch die Denkweisen aus talmudischer Zeit im Großen und Ganzen beibehalten worden waren.

Um das 10. Jahrhundert war Europa zum Hauptschauplatz jüdischer Geschichte geworden und sollte es für die nächsten tausend Jahre auch bleiben. Blühende Gemeinden waren in Deutschland, Frankreich und vor allem in Spanien entstanden, wo die jüdischen Bewohner bis zur Vertreibung 1492 in fruchtbarstem Gedankenaustausch mit dem Islam standen. Die relativ friedvolle Siedlungsperiode der Juden in Mitteleuropa endete jedoch im 11. Jahrhundert mit den Kreuzzügen, die verheerende Folgen mit sich brachten und eine Jahrhunderte währende Knechtung einleiten sollten. Die Kreuzritter verübten 1096 in den jüdischen Gemeinden im Rheinland furchtbare Gemetzel. Die Ohnmacht und Verzweiflung der Juden kulminierte in der Selbstopferung, ›kiddusch haschem‹, der »Heiligung des göttlichen Namens«, um der Taufe zu entgehen. Die kollektive Selbsttötung ist in einer Mainzer Chronik dokumentiert und verbunden mit der Aufforderung an Gott, die Toten zu rächen: »Mögest Du rächen das vergossene Blut deiner Knechte, in unseren Tagen und vor unseren Augen, Amen, schleunigst!«[150]

Die geschichtliche Situation macht deutlich, dass ein Einfluss von jüdischer Seite auf internationale Probleme undenkbar war. Deshalb blieb die Diskussion über den Weltfrieden eine rein akademische Frage, die wesentlich auf die Erörterung der messianischen Zeit beschränkt blieb.

Der messianische Frieden

Der Gaon von Sura, Saadia ben Josef (882–942), Begründer fast aller rabbinischen Literaturzweige[151], führt die beständigen Kriege der Nationen untereinander als Beweis dafür an, dass die Vision der Propheten vom Frieden auf Erden nur auf das messianische Zeitalter verweisen kann.[152]

Auch der schon genannte bedeutendste jüdische Philosoph des Mittelalters, Mose ben Maimon, latinisiert Maimonides, erwartet die Errichtung eines Friedensreiches für die gesamte Menschheit erst bei Erscheinen des Messias (Jad Hachasaka, Melachim 12,5).[153] Erst dann »wird es keinen Hunger mehr geben, keinen Krieg, keinen Fanatismus und keinen Streit, denn Güte wird sich überall ausbreiten, und alle Freuden werden so zahlreich sein wie Staubkörner, und die ganze Welt wird sich nur noch um die

Erkenntnisse des Herrn kümmern.«[154] Sein Zeitgenosse David ben Josef Kimchi (Narbonne 1160–1235) meint, dass die Nationen ihre Streitfragen dem Messias zur Entscheidung vorlegen werden. Durch seine weisen und gerechten Urteile werde es deshalb keine Kriege mehr geben (Erklärung zu Jesaja 2,4). Interessant ist der Bezug Kimchis auf den Messias statt auf Gott, ein Indiz für die große Bedeutung der Messiasvorstellung im Mittelalter.

Die Messiaserwartung nimmt also einen ganz außergewöhnlichen Stellenwert ein. Je drückender die Verhältnisse für die Juden jeweils wurden, desto größer wurde deren Sehnsucht nach dem baldigen Erscheinen des Erlösers.[155]

Die Friedfertigkeit im Alltag

Selbstverständlich wirkten die rabbinischen Lehrmeinungen der talmudischen Zeit in den Werken der jüdischen Religionsphilosophie fort, besonders in der Moralliteratur, die sich mit der Bedeutung des Friedens in Heim und Gemeinschaft beschäftigt.[156] So finden wir im Mittelalter Belehrungen wie die des Wormser Rabbis Eleasar ben Juda ben Kalonymos (1160–1230) und seines Zeitgenossen, des Regensburger Rabbis Jehuda ben Samuel (gest. 1217), die uns sämtlich wohlvertraut klingen: »Die Eltern ehre, stifte Frieden unter den Leuten, leite sie zum Guten und halte dich zu den Gottesfürchtigen. Sprich nie leere Worte, streite mit niemand, halte dich nicht zu Spöttern, hadre nicht mit Bösen. Man soll nicht Unfrieden zwischen den Menschen dadurch stiften, dass man sie ungleichmäßig beschenkt. Was die Lehre Israels befiehlt, hat nur den Zweck, unter Menschen Liebe und Frieden aufrechtzuerhalten.«[157]

Ähnlich der römische Rabbi Jechiel ben Jekutiel Anaw (1260–1289): »Die Demut erfordert Unrecht leiden ohne Wiedervergeltung, den Zorn bändigen und mit dem Nächsten in Frieden leben. Solches Betragen bezeuge man auch gegen Nichtjuden.«[158]

Auch nach dem in Spanien lebenden Religionsphilosophen Joseph Albo (1380–1444) ermahnt die Tora zur Menschenliebe: »›Liebe deinen Nächsten wie dich selbst‹ (Levitikus 19,18). Sie entfernt den Hass. ›Hasse nicht deinen Bruder in deinem Herzen‹ (Levitikus 19,17) und empfiehlt, den Fremden zu lieben.«[159]

Ebenfalls nicht neu ist die Verachtung der Waffen, die sich zum Beispiel in den mittelalterlichen Darstellungen der Pessach-Erzählung zeigt. Der dort vorkommende »böswillige Sohn« oder »Verruchte« wird gewöhnlich als waffentragender Soldat dargestellt, der »kluge Sohn« dagegen als friedliebender Weiser.[160]

Der Frieden als abstrakter Begriff

Über das grundsätzliche Wesen des Friedens sind uns mehrere philosophische Definitionen überliefert. Der Gelehrte und Philosoph Isaak ben Moses Arama (1420–1493) aus Spanien vertritt die Ansicht, dass die landläufige Meinung, Frieden sei das bloße Gegenteil von Streit, diesem Begriff nicht gerecht werden könne. Frieden sei vielmehr etwas Positives, das wesentliche Mittel, durch das die Menschen befähigt würden, trotz unterschiedlicher Temperamente und Auffassungen für das Allgemeinwohl zusammenzuarbeiten. Zur Illustration bedient sich Arama des Bildes einer Perlenkette: Die Perlen persönlicher Tugend seien für sich genommen trübe; erst wenn sie an der Schnur des Friedens aufgereiht und zusammengebunden würden, könnten sie in vollem Glanz erstrahlen. Aus diesem Grund sei »Frieden« einer der Namen Gottes, weil er es sei, der die gesamte Schöpfung vereine (Akedat Jizchak 74).[161]

Der erwähnte Joseph Albo definiert Frieden als die Harmonie der Gegensätze. Nicht das eine Extrem, das die Oberhand über ein anderes gewinnt, solle das Ideal sein, sondern die Harmonie zwischen dem Jähzorn und der Geduld, dem Geiz und der Verschwendung etc. Wenn zwischen den verschiedenen Teilen der Seele Einklang besteht, so sei der Frieden des Geistes erreicht.[162]

Frieden wird also als das Gute schlechthin gesehen, das zwar erst in einer fernen Zukunft vollständig erreicht sein wird, seinen Ausdruck aber bereits in der Gegenwart finden muss. Dies einmal durch den Seelenfrieden, zum zweiten durch das ethische Handeln des Einzelnen und als Teil der Gemeinschaft.

All diesen Ermahnungen und allegorischen Vorstellungen zum Trotz wurden rabbinische Streitfragen allerdings offen ausgetragen, denn die Auseinandersetzung »um des Himmels willen« erschien durchaus konstruktiv (vgl. auch Pirke Awot 17), dient sie doch der Wahrheitsfindung. Damit war der Kampf gegen Häresie sanktioniert.

Der kosmische Frieden der jüdischen Mystik

Eine jener Bewegungen, die mit dem Vorwurf der Häresie belegt wurden, war die jüdische Mystik, die Kabbala, deren Hauptwerk ›Sohar‹ (»Glanz«) Ende des 13. Jahrhunderts erschien. Auch in dieser Schrift ist der Vorrang des Friedens festgeschrieben.[163]

Aber das Streben nach Frieden erhält in der Kabbala kosmische Bedeutung. Die Taten des Menschen hängen davon ab, ob oder ob nicht im Reich der ›sefirot‹ (kabbalistische Vorstellung von zehn schöpferischen Kräften des Göttlichen) Einklang herrscht. Der tugendhafte Mensch unterstützt den überirdischen Frieden zwischen Gott und seiner ›schechina‹ (wörtlich »Einwohnung«: göttliche Gegenwart unter den Menschen, unterste der zehn Sefirot). Konkret ist ›schalom‹ der Name der Sefira Jesod (»Fundament«). Als erotisches Symbol – eine beliebte Vorstellungsweise der Kabbala – bezeichnet der »Frieden auf Erden« die überirdische Vereinigung, in der Jesod den Segensstrom, die Sefira Schechina oder auch Malchut (»Königreich«), auf die Erde bringt.

Zusammenfassend lässt sich feststellen: Die Betonung des Friedens, wie sie schon in talmudischer Zeit der Fall gewesen war, wurde durch die mittelalterliche Religionsphilosophie konsequent weitergeführt. Neben der messianischen Endzeiterwartung, die eine herausgehobene Stellung einnimmt, ist vor allem der ›innere Frieden‹, die Harmonie mit sich selbst und mit den anderen, Ziel allen Strebens geworden. Diese Harmonie innerhalb der jüdischen Schicksalsgemeinschaft war schon deshalb wichtig geworden, weil die Feindseligkeit der christlichen Umwelt vor allem mit den Kreuzzügen zugenommen hatte. Dabei sieht die Moralliteratur des Mittelalters in der Gebotserfüllung das geeignete Mittel, diesen ›inneren Frieden‹ zu erreichen. Die jüdische Mystik beginnt sich davon allerdings abzuheben und bereitet dadurch den Boden für neue Entwicklungen.

Der Chassidismus

Das jüdische Mittelalter war lang. Die jüdischen Gemeinden vegetierten als rechtlose Minderheit in ihren Ghettos elend dahin und erduldeten vielfältige Benachteiligungen durch Staat und Kirche. Erst in der zweiten Hälfte des 18. Jahrhunderts brach auch für die Juden mit Moses Mendelssohn (siehe S. 92) die Neuzeit an. Aber es sollte noch ein beschwerlicher Weg bis zur rechtlichen Gleichstellung im Jahre 1871 werden.

In Polen hatten sich die Juden nach den Chmielnicki-Aufständen von 1648 bis 1657 nie mehr recht erholen können, und als 1768 die Kosaken wieder in die Ukraine einfielen, war das Schicksal der Gemeinden Podoliens und Wolhyniens besiegelt. Die Opfer der Invasoren waren vornehmlich Juden, nur zehn Prozent der jüdischen Bevölkerung überlebten die Pogrome. Infolge der polnischen Teilungen 1772, 1793 und 1795 sahen sich die jüdischen Gemeinden härteren Gesetzen gegenüber als unter der polnischen Regierung.

Aus dem Leiden aber erwuchs eine neue, tiefe Gläubigkeit, die im starken Gegensatz zur talmudischen Tradition stand: der Chassidismus, begründet von Rabbi Israel ben Elieser (1699–1760), genannt Baal Schem Tow, »Herr des guten Namens«.

Dieser setzte dem Wissen um die Religion den volksnahen Glauben entgegen, dem talmudkundigen

Rabbi den sich auf diesen Glauben seiner Verehrer stützenden Zaddik. So war der Ausgangspunkt in der Friedensfrage beim Chassidismus ein anderer, schon weil die Anhänger dieser Bewegung der Kabbala erheblich näherstanden als das rabbinische Judentum, aber in der Aussage zu diesem Problem bestehen wenig Unterschiede. Die Bewertung des Individuums prägt die Friedensvorstellung des Chassidismus: »Jedes Lebewesen ... verdankt sein Leben drei Urhebern: Vater, Mutter und Gott. Und der Anteil Gottes am Menschen hat Vorrang.«[164]

Diese Ansicht Rabbi Menachem Mendels von Kotzk macht deutlich, welcher Anspruch an den einzelnen Gläubigen herangetragen wurde, denn »wer nicht aufsteht, bleibt liegen; wer sich nicht bessert, verschlechtert sich« (Rabbi Aharon von Karlin). Der Mensch, der durch Gott in die Welt gekommen ist, muss sich um stete Läuterung bemühen, weil sich Gott durch ihn artikuliert (»Der Mensch ist die Sprache Gottes«, Rabbi Menachem Mendel von Witebsk), und weil der Mensch auf seinem gesamten Lebensweg Spuren »in der oberen Welt« hinterlässt.[165] Wohlverhalten, Sittlichkeit, ist somit auch im Chassidismus verbindliches Ziel, Gleichmut und Harmonie sind erstrebenswerte Ideale: »Der Mensch binde seine Regungen an Gott. Wenn ihn eine böse Liebe überkommt, richte er seine Liebe auf Gott allein und all sein Streben gehe auf dieses eine. Und wenn er in Zorn, das ist eine böse Furcht, gerät, die sich aus der Eigenschaft der Gewalt herleitet, dann gewaltige er seinen Trieb und mache aus eben dieser Eigenschaft einen Wagen für Gott«.[166]

Eine fast kindliche Liebe zu Gott und Lebensfreude sind zwei wichtige Merkmale chassidischer Glaubenshaltung, ebenso wie die These, dass die Tora dem Menschen zum Lob des Lebens gegeben worden sei.[167] Ein ganz entscheidender Faktor des Religionserlebnisses ist dabei die Gemeinschaft. Nur durch sie kann der Einzelne über sich selbst hinauswachsen und den »himmlischen Thron« berühren.[168]

Auf einen Nenner gebracht bedeutet dies: Im Chassidismus wird der Mensch als der verlängerte Arm Gottes auf Erden betrachtet, der sich dementsprechend verhalten muss. Diesem »dementsprechend« liegt die friedliche Gottesvorstellung prophetischer oder besser talmudischer Zeit zugrunde. Der Mensch ist auch nach chassidischer Auffassung in der Welt, um nach Gottes Willen zu leben. Gottes Wille im menschlichen Tun kann die Gewalt überwinden, denn »das Wort kann das Gewehr zum Schweigen bringen« (Rabbi Nachman von Brazlaw).[169] Aus dieser Lebenseinstellung heraus ist zu erklären, weshalb sich Chassidim strikt weigerten, Waffendienst zu leisten, wie übrigens auch die meisten russischen Juden im 19. Jahrhundert.[170] Auseinandersetzungen mit Glaubensgegnern wurden allerdings durchaus handgreiflich ausgetragen. Von Nachman von Brazlaw (1772–1810), einem zeitlebens umstrittenen chassidischen Führer, ist die Ansicht überliefert, dass nur der Zaddik, der Feinde habe und somit etwas, wofür er kämpfen müsse, seine Anhänger zu wahrem Gottesdienst führen könne.[171] So ist es nicht verwunderlich, wenn Rabbi Leib, der »Großvater von Spola«, betet: »Erlöse Dein Volk, Herr, bevor es zu spät ist. Sonst läufst Du Gefahr, dass Du niemanden mehr zu erlösen hast«.[172] Er musste sich damit weniger auf innere Konflikte als vielmehr auf die bedrohliche Lage der Juden in ihrer christlichen Umwelt beziehen.

Der Friedensbegriff der jüdischen Aufklärung und Emanzipation

Während sich der Chassidismus im Osten Europas entwickelte, brach für das westliche Judentum das Zeitalter der Aufklärung an. Ihr herausragender Vertreter war Moses Mendelssohn (1729–1786), berühmter Aufklärungsphilosoph, Ästhetiker und Literaturkritiker, Freund Lessings, Wegbereiter der Emanzipation und Reformbewegung.[173] Er gab wesentliche Impulse, um das Judentum aus dem im Mittelalter aufgezwungenen Ghetto zu führen. Als eine Folge davon begann ein Kampf um Emanzipation, der schließlich auch eine gewisse Akkulturation mit sich brachte. Mit der Französischen Revolution wurden 1790/91 erstmals Juden gleichberechtigte Bürger eines europäischen Staates; in Deutschland wurde diese Entwicklung erst 1871 mit der Reichsgründung völlig abgeschlossen.

Die gesellschaftliche Öffnung hatte auch erhebliche Auswirkungen auf die Religion. In unserem Zusammenhang bezieht sich dies nicht so sehr auf die Taufbewegung jener Zeit, so einschneidend ihre Auswirkungen auch waren. Innerhalb der jüdischen Theologie selbst begann mit dem 19. Jahrhundert ein Zeitalter heftigster Auseinandersetzungen um Offenbarung und rationalen Geist, aus denen sich schließlich eine

Aufgliederung des Judentums in mehrere Strömungen ergab (Altorthodoxie, Neo-Orthodoxie, Chassidismus, Liberalismus bzw. Reformjudentum; im 20. Jahrhundert schließlich als weitere Strömungen Conservative Judasism / Masorti, Reconstructing Judaism und Jewish Renewal). Es sollen vor allem die Vorgänge in Deutschland angesprochen werden, das Hauptschauplatz jener Differenzen war.

Die ›Wissenschaft des Judentums‹

Den Ausgangspunkt bildeten die Vertreter der ›Wissenschaft des Judentums‹, ein erstmals von Leopold Zunz (1794–1886) 1823 verwendeter Begriff. Ihr Ziel bestand in einer systematisch-kritisch-wissenschaftlichen Forschung, die der einseitig dogmatischen, dialektisch betriebenen Lehrweise des Mittelalters entgegengesetzt werden sollte. In diesem Zusammenhang sollen beispielhaft zwei Denker vorgestellt werden, deren Schaffen in der Tradition der ›Wissenschaft des Judentums‹ steht.

Moritz Lazarus (1824–1903), Philosophieprofessor in Bern und Berlin, gehörte zu den führenden Persönlichkeiten des deutschen Judentums in der zweiten Hälfte des 19. Jahrhunderts und besaß besonders in liberalen Kreisen großen Einfluss. Er war Mitbegründer der Hochschule für die Wissenschaft des Judentums in Berlin und Sprachrohr des maßvollen, religiösen Liberalismus. Als solcher trat er für Pietät gegenüber jüdischer Tradition und Humanität ein.

Toleranz und Offenheit sind für Lazarus wichtige Voraussetzungen, wenn es um die Verwirklichung jüdischer Ideale geht.[174] Beim »Bahnen und Ebnen der Wege des Friedens«, das »eines der höchsten Ziele aller sittlichen Lebensführung« sei, müssten deshalb auch nationale Beschränkungen überwunden werden. Frieden und Patriotismus widersprächen einander nicht, der Frieden sei vielmehr seine Vollendung.

»Der landläufige Patriotismus ruht auf der Voraussetzung des Gegensatzes, Widerstreites, Wetteifers zwischen Völkern (um nicht von Herrschsucht, Prestige usw., Handelsausbeutung usw. zu reden!); die messianische Friedensidee lehrt, dass die Völker gemeinsam wirken sollen wie innerhalb des Staates die Städte, die Provinzen. Wahrhaft patriotisch sein heißt: den eigenen Staat zum wirksamen Gliede in der Gemeinschaft der Menschheit erheben.«[175]

Sittliche Gemeinschaft müsse sich universell gestalten, denn in dem Anspruch, »die gesamte Tora ist nur wegen der Sitten des Friedens« (Gittin 59b), werde offenbar der Idee Ausdruck gegeben, dass alle ethische Gesetzgebung in der beseligenden Hoffnung münde, den Frieden unter allen Menschen herzustellen.

»Alle Kulturtat führt zwar zu einer Vereinigung der Menschen und zum Austausch und zur Wechselwirkung der Kräfte und der Leistungen; zugleich aber auch zur Steigerung des nationalen Egoismus. Daraus jedoch entspringt der Wetteifer, der zum Wettstreit, zum Wettkampf wird. Die Sittlichkeit aber fordert den Frieden; den gesunden, gedeihlichen Frieden. Dabei muss der Konflikt zwischen gemeinsamer Leistung und persönlichem Egoismus einer Lösung zugeführt werden.«[176]

Aufgabe der Sittenlehre sei es, die Grenzen der Berechtigung beider, des Egoismus und der Hingebung, festzustellen. Frieden als Ideal des Geistes und der Ethik bedeute nicht Vernichtung und nicht Ausbeutung des Schwachen, sondern die Erhaltung, Förderung, Stärkung und Ausbildung relativer Vollkommenheit im Schwachen. Der wahre Sinn von Frieden sei aber erst der Frieden aller Menschen, also nicht Frieden als Transaktion mit diesem oder jenem, sondern Frieden als Gesinnung, welche allem Verkehr zugrunde gelegt werde.

Lazarus geht es damit um eine Vereinigung aller Menschen zu sittlichem Handeln, das notwendigerweise den allgemeinen Frieden mit sich bringen würde. Durch einen Kompromiss zwischen individuellem Egoismus und Gemeinwohl wird der Mensch die messianische Endzeit herbeiführen. Lazarus lässt dabei offensichtlich keine Wahl. Seiner Meinung nach sei der Mensch durch Gott zur Sittlichkeit verpflichtet und müsse sich dem fügen.

Festzuhalten bleibt der neuerwachte Universalismus, der seit talmudischer Zeit durch äußere Einflüsse schrittweise verlorengegangen war. Im 19. Jahrhundert versteht sich der Jude als Bürger, dessen Pflicht es ist, seine Ethik in das Weltgeschehen einzubringen. Bemerkenswert ist besonders das unnachgiebige Beharren auf der Friedensidee angesichts einer Zeit verstärkten Nationalismus und heftiger Kriege.

Hermann Cohen

Hermann Cohen (1842–1918) war als Professor in Marburg hervorragender Vertreter der neukantianischen (Marburger) Schule. Als Ethiker baute er auf der jüdischen Sittenlehre auf und entwickelte sie bewusst weiter. In seinen letzten Lebensjahren hielt Cohen Vorlesungen über allgemeine und jüdische Philosophie an der von Moritz Lazarus 1870 mitbegründeten und 1872 eröffneten Hochschule für die Wissenschaft des Judentums in Berlin.

Auch Cohen sieht den Frieden ganz zentral als Harmonisierung der gesamten Sittlichkeit und Quintessenz der göttlichen Attribute.[177]

»Der Friede Gottes ist seine Vollkommenheit, sein Angesicht, das höchste Urbild menschlicher Sittlichkeit.«

Gott ist der Frieden, Gott vertritt die Harmonie der sittlichen Weltkräfte mit ihren Naturbedingungen, wobei Cohens Gott einer der Menschenliebe ist, die er auch von seinen »Ebenbildern« verlangt. Demgemäß werde der Frieden Symbol menschlicher Vollkommenheit, der Harmonie des Individuums und der Vollendung des Menschengeschlechts. Denn der Frieden sei das Wahrzeichen des messianischen Zeitalters, nicht nur als Gegensatz zum Krieg, der verschwinden werde, sondern auch positiv, insofern er den Inbegriff aller Sittlichkeit bilde.

Erst im Frieden vollendet sich nach Cohen das Seelenheil des Menschen. Durch den Frieden als Einheitskraft des menschlichen Bewusstseins werde die Liebe in allen ihren Richtungen von den Zweideutigkeiten befreit, die ihr anhaften. Erst im Frieden könne der Mensch sich von seiner Selbstsucht befreien und wahrhaft lieben.

»Diese Zuversicht des *Weltfriedens*, als des Zwecks und des Sinnes der Weltgeschichte, haben die Propheten erdacht, und in diesem Gedanken bezeugen sie sich als die wahrhaften Lehrer der Nächstenliebe. Denn der Krieg ist der Satan der Weltgeschichte. Es ist ebenso Hohn auf die Idee Gottes, als des Vaters aller Menschen, wie es dem Begriffe des Menschen, als des Selbstzwecks und des Endzwecks widerspricht, dass man denken dürfte wie der alte Grieche: der Krieg ist der Vater des Alls; dass man denken dürfte, in ihm spiele sich der wahre Sinn des Völkerlebens und des Menschenschicksals ab.«[178]

Der Frieden vielmehr, der das Ziel der sittlichen Welt bilde, sei ihre Urkraft.

Das höchste Ziel, die Vollkommenheit des Friedens, werde über die Selbstvervollkommnung und den Frieden der Seele erreicht. Dieser Seelenfriede äußere sich in der Zufriedenheit, die unabhängig mache vom Streben nach überzogenen materiellen Bedürfnissen und damit den Weg öffne zum Studium der Lehre. Denn nicht der bloße Glaube ohne Erkenntnis bilde die Grundlage für den Seelenfrieden (damit steht Cohen im Gegensatz zum Chassidismus). Seelenfriede beruhe auf einem Frieden der Vernunft.

Alle Leidenschaft – als Gegensatz zum Seelenfrieden – habe ihren Ursprung im Hass. Die religiöse Tugendlehre aber müsse den Hass bekämpfen, denn sie gründe auf der Gottes- und Menschenliebe. Der Frieden jedoch bilde den Tugendweg, der den Hass nicht nur zu umgehen, sondern auszuschließen und zu vereiteln habe.[179]

Um den Hass zu unterbinden, greift Cohen das Problem der Feindesliebe auf.[180] Hass sei immer grundlos, deshalb könne man seinen Feind lieben und dadurch das Gebot der Menschenliebe festigen. Nur wenn man überhaupt keinen Feind kenne, könne man den Hass aus seinem Herzen entfernen.[181]

»Aller Hass ist umsonst, ich bestreite den Hass im Menschenherzen. Daher bestreite ich, dass ich einen Feind habe, dass ein Mensch mich hassen könnte.«[182]

Mit diesem Ausschluss des Hasses aus dem Inventar der Seelenkräfte bahne sich schließlich der ersehnte Seelenfrieden an. Jetzt erst könne Ruhe und Zufriedenheit erlangt werden. Für den persönlichen Frieden bedürfe es aber der Zuversicht, dass der Völkerhass ausgetilgt werde aus dem Kulturbewusstsein der Menschheit. Wenn der Hass als Illusion erkannt werde, könne dies gelingen. Ebenso wie der Mensch die Tugend des Friedens erdenken könne, sei er in der Lage, das Todbild des Hasses zu entlarven. Denn alle Störungen und jede Bezweiflung des Friedens seien Hemmungen des Seelenlebens, eine Missdeutung und krankhafte Verirrung. Die Grundkraft der Menschenseele sei der Frieden ebenso gewiss, wie er das Ziel der Menschengeschlechter sei. Frieden sei also in allem und über allem. Und wie ›schalom‹ in der hebräischen Sprachwurzel »Vollkommenheit« bedeute, so sei er der Zweck und das Ziel des Menschen, der doch nach Vollkommenheit streben müsse.[183]

»Er macht alle sonstigen Zwecke der Natur und des Geistes zu seinen Mitteln … Der Friede als der Zweck des Menschen ist der Messias, der die Menschen und die Völker von allem Zwiespalt befreit, den Zwiespalt im Menschen schlichtet und endlich die Versöhnung für den Menschen erwirkt mit seinem Gotte.«[184]

Der Sinn des Lebens und sein ganzer Wert liege also im Frieden. »Er ist die Einheit aller Lebenskräfte, ihr Gleichgewicht und die Schlichtung aller ihrer Gegensätze. Der Friede ist die Krone des Lebens«, ein Weg, der schließlich auch über den Tod zum ewigen Leben führe.[185]

Somit lässt sich konstatieren: Cohen geht von der Sittlichkeit als Grundprinzip des Menschen als dessen großem Ziel aus. Mit dieser These spricht er das Individuum an, wendet sich aber gleichzeitig an die ganze Welt. Ebenso wie Gott Frieden sei, müsse es auch der Mensch sein. Das Harmoniestreben wird bei Cohen unübersehbar. Es wird aber auch ein Weg gezeigt, wie der Frieden zu erreichen sei: nämlich über die Selbstvervollkommnung durch das religiöse Studium und den Seelenfrieden. Wenn der Hass von der Erde verschwände und das Wort »Feind« mit ihm, würde der Frieden kommen als Messias, der die Menschen wieder mit ihrem Gott versöhnen würde: Messias nicht mehr als Friedensbringer, sondern als Personifizierung des Zustands.

Bisher ist von Feindesliebe nicht ausdrücklich die Rede gewesen, wenn auch das Gebot der Nächstenliebe in diese Richtung weist und die Sittlichkeit Hass, Rachegefühle, Schadenfreude etc. verurteilt. Cohen stellt die Feindesliebe aber in den Vordergrund und bringt damit ein wichtiges Element des Friedensdenkens ein.

Cohen ist rigoros und unerbittlich, wenn er den Frieden als Lebenssinn schlechthin bezeichnet. Eine

Unerbittlichkeit, die ihn der Erste Weltkrieg gelehrt haben mag, den er gerade noch miterleben musste.

Cohens Lehre vervollkommnet die Jahrhunderte währende Wandlung des Judentums von der Verehrung eines ›Adonai Zebaoth‹ im Ursinn des Wortes zu der eines absoluten Friedensgottes, einer Vorstellung, die wohl eher dem Denken der in der Genesis geschilderten Generation ähnelt. In gewisser Weise geht Cohen also wieder auf das Urdenken zurück, das er im Gegensatz zur Geschichtsweisheit für natürlich hält, und versucht, auf philosophischem Wege eine Brücke in die Moderne zu schlagen.[186]

Hermann Cohen steht am Ende der jüdischen Aufklärung. Die Lehren dieses Mannes, der bis zum Ende konsequent blieb, geben ein großartiges Beispiel eines dem Idealen hingegebenen Denkens, wenn auch die Geschichte des 20. Jahrhunderts das Scheitern seiner Bemühungen transparent macht.

Neo-Orthodoxie und Liberales Judentum

Die auf dem Gebiet der ›Wissenschaft des Judentums‹ geleistete Arbeit wirkte sich auch auf die jüdische Theologie aus, wie bereits kurz ausgeführt wurde. Die kritische Auseinandersetzung mit dem jüdischen Geistesgut schuf letztendlich zwei Fronten im Judentum, die Neo-Orthodoxie mit Rabbiner Samson Raphael Hirsch (1815–1889) an der Spitze und die Reformpartei, deren profundester Vertreter Rabbiner Abraham Geiger (1810–1874) war. Geiger konstatierte: »In dem begeisterten Ausrufe, welchen die Propheten des Judentums mit der entschiedensten Zuversicht in die Welt senden, dass einst nämlich die Zeit kommen werde, in welcher Gott allein anerkannt wird, inniger Frieden die Menschheit umschlingen und beseligen wird, in diesem Blick auf eine veredelte Zukunft der Wahrheit und Menschenverbrüderung lag eine entschiedene Kraft, die dem Judentume Dauer und Mut verlieh, ein nicht zu verkümmerndes Selbstvertrauen, das Hand in Hand mit der Entwicklung der Menschheit geht. Entgegen der Sage des Griechentums, welche das goldenen Zeitalter mit der Wiege der Menschheit beginnen lässt, während immer wertlosere Zeiten darauf folgen, bewahrt das Judentum den hohen Glauben, dass die Menschheit der fruchtbare Boden ist, auf dem die geistige Saat reifen soll. Daher auch die mächtige Ausdauer innerhalb des Judentums; diese Hoffnung hat sich als erhaltende Kraft durch die Jahrhunderte bewährt.«[187]

Während Hirsch an der traditionellen Überlieferung festhielt, begründeten Geiger und seine Anhänger die jüdische Reformbewegung, aus der das Liberale Judentum erwuchs, dessen Ziel die Weiterentwicklung jüdischer Theologie nach modernen Erfordernissen war, ein Prozess, der mit der Unterdrückung und Ghettoisierung der Juden zum Stillstand gekommen war.[188] Auftrag des Liberalen Judentums war es laut Abraham Geiger, die Glaubensgemeinschaft von den letzten Resten einer Volksgemeinschaft loszulösen und zur sittlichen Vernunftreligion zu machen.[189] Geiger glaubte an die Freiheit des Gewissens und des Glaubens, an die Freiheit der Wissenschaft und an die Freiheit aller Menschen. »Das Jüdische Lexikon von 1928 kennzeichnet seine Stellung im Kreis der Begründer der Wissenschaft des Judentums damit, dass er bestrebt war, die Wissenschaft und die historische Kritik […] für die Neugestaltung des Judentums ›in der Richtung auf die Weltreligion‹ zu verwerten: ›Das wahre Wesen des Judentums erblickt er in der Prophetenreligion, in dem Glauben an den einen heiligen Gott und der Bewährung desselben durch die von allen, auch den nationalen Schranken freie Menschenliebe.‹«[190]

Samson Raphael Hirsch

Bevor wir uns dem Liberalen Judentum zuwenden, wollen wir den Friedensbegriff Samson Raphael Hirschs als Vertreter der Orthodoxie kennenlernen. Die zentralen Aussagen finden sich in Hirschs Auslegung zu Psalm 72,7: »›schalom‹ umfasst nicht nur den sozialen Frieden zwischen Menschen, es ist vielmehr der harmonische Einklang aller Zustände, Verhältnisse und Beziehungen.«[191]

»Frieden« meint für Hirsch nicht nur politischen und gesellschaftlichen Frieden im engeren Sinne, sondern bezieht sich in umfassenderer Weise auf das weltliche Beziehungsgeflecht. Kennzeichnend hierfür ist ein Zustand der Harmonie, der Ausgeglichenheit sowohl des Einzelnen als auch der ihn umgebenden Verhältnisse. Schöpfer und Spender dieses Friedens ist Gott, der allein in der Lage ist, die Reue des pflichtvergessenen Menschen anzunehmen und den Menschen wieder in Harmonie mit sich selbst, mit seiner Umwelt und mit Gott zu versetzen.[192] Der Weg, den Gott dem Menschen vorgezeichnet hat, um in den Genuss des »Friedens«, der inneren und äußeren Harmonie zu gelangen, ist die Lehre Gottes, das Religionsgesetz.[193]

Ein Mensch, der ein gottgefälliges Leben führt, wird zu einem Katalysator friedvollen und harmonischen Zusammenlebens: »›isch schalom‹ [d. i. ein Mann des Friedens, W. H.] ist der volle Gegensatz zum ... ›rascha‹ [d. i. ein Böser, W. H.]: sein Leben ist nicht nur nirgends ein störender Bruch und keine verletzende Willkür, sondern es bringt überall ›Ergänzung und Vollendung‹ und fördert das ›Heil‹ aller mit ihm in Berührung kommenden Wesen.«[194]

Die Begriffe »Frieden« und »Harmonie« können bei Hirsch nie ohne die Bezugsquelle »Gott« und »Mensch« gedacht werden. Gott ist der Stifter und Befestiger des Friedens, ohne dessen Segen der gottesfürchtige Mensch des beglückenden Gefühls der friedvollen Harmonie nicht teilhaftig würde.[195] Der Mensch jedoch trägt den Frieden in die Welt und wird so zum Beispiel von Gottes Segen und Lehre.

Samson Raphael Hirschs Friedensbegriff ist konsequenter Ausdruck seiner orthodoxen Religions- und Lebensauffassung. Bestimmend für den Zustand des »Friedens« ist der Segen und das Gesetz Gottes. Es ist an den Menschen, durch eine orthodoxe Lebensführung sich selbst und ihre Umwelt einem gesegneten, harmonischen Zustand anzunähern.

Leo Baeck

Die religiös-liberalen Ansichten des 19. Jahrhunderts in ein beispielhaftes System zu bringen war das Werk von Rabbiner Dr. Leo Baeck (1873–1956), des herausragenden Theologen des progressiven Judentums in der ersten Hälfte des 20. Jahrhunderts.[196]

Nach Leo Baeck entbehrt der jüdische Mensch der Zufriedenheit des Zuschauers, »der an seiner umhegten Stille genug hat«, der antiken Ruhe, die seinem sittlichen Willen entgegensteht, Menschen zu bilden und in der Welt zu erneuern. Der Optimismus des Judentums bestehe im wollenden Glauben an das Gute.

»Er ist der Glaube an Gott und der daraus folgende Glaube an den Menschen, an Gott, durch den das Gute seine Wirklichkeit hat, und an den Menschen, der das Gute zu verwirklichen vermag.«[197]

Man könne vom Guten nichts wissen, ohne die Gewissheit zu hegen, dass ihm die Zukunft gehöre. Denn schon die Propheten hätten ein Vergängliches und ein Dauerndes im Leben der Völker erkannt.

»Vergänglich ist alles, was der bloßen Macht dient; alle Gewalt ist dazu da, um früher oder später zusammenzubrechen … Ihr stetes Ergebnis ist, dass sie sich selbst vernichtet. Der Glaube an sie ist der Glaube an das Nichtige und ist so Götzendienst. Bleibend ist allein, was von Gott Zeugnis ablegt, das Gute also, das, was dem Rechten dient, das, was das Gebot Gottes verwirklicht … Es gibt nur eine Zukunft, die des Guten, die der Gerechtigkeit.«[198] Deshalb würden Gewalt, Bedrückung, Kampf und Krieg von der Erde verschwinden und allein Gottesgebot und Gerechtigkeit die Menschen leiten und sie zu einer Menschheit zusammenführen.[199] Dazu gehöre als Baustein der innere Frieden, der Frieden mit Gott und in Gott, ebenso wie die Sehnsucht des seelischen Strebens und Ringens.[200]

Zentraler Begriff sei in diesem Zusammenhang die Nächstenliebe, die sich ausdrücklich auf den Feind beziehe. Im Mann des Bösen müsse das Menschentum anerkannt, im Feinde Gottes das Göttliche gefunden werden. Denn in der Einheit von Mensch und Mitmensch seien alle miteinander verbunden.[201] Um den Feind gerecht zu behandeln, müsse jedoch das Empfinden der Liebe hinzutreten, das in diesem Fall vorrangig »nicht hassen« bedeute.

»Das Ziel, das er [Gott] uns steckt, ist die Umkehr, die Versöhnung, der Friede zwischen den Menschen.«[202]

Der Weg des Menschen in seine Zukunft gehe also über die Ausrottung des Hasses zum Frieden. Dieser Frieden meint aber »nichts Sentimentales, nichts, was sich in der bloßen Schwärmerei einlädt. Der Friede, von dem die Propheten sprechen, schließt eine sittliche Aufgabe, ein Gebot in sich, er bezeichnet einen Weg, den die Menschen gehen, den sie bahnen sollen«.[203] Dieses Streben nach dem Frieden richtet sich an die Gemeinschaft als Summe der Individuen.

Die menschliche Gemeinschaft – und Gemeinschaft sei nur dort, wo Liebe und Gerechtigkeit sich erfüllten – solle »Leben verwirklichen, Beziehungen unter den Menschen schaffen«[204], die ihnen zur Erziehung würden, denn Gemeinschaft bedeute immer wieder die eine Sehnsucht nach dem Frieden. Wenn diese Sehnsucht einmal in Realität umgesetzt sein werde, dann habe sich der Ewige im Menschlichen offenbart, der Besitz des Friedens auf Erden führe gewissermaßen zur Versöhnung der Endlichkeit mit der Unendlichkeit, der Immanenz mit der Transzendenz.[205]

»Das Ziel ist die ... Rückkehr zum Ursprung, diese Rückkehr zum Reinen, zum Schöpferischen, zu sich selbst, das Leben in dem Reiche Gottes, das der Mensch schaffen soll ... Was in uns gut ist, lässt uns erschauen, was kommen wird, was der Menschheit ihre Zukunft ist.«[206]

Diese Zukunft umschreibe der Begriff der Messianität. »Das Messianische des Judentums fordert den neuen Menschen, den, der mit sich Ernst macht ... Und auch in dieser Idee vom Frieden ist darum etwas Treibendes, Stoßendes, etwas Aufrührerisches fast.«[207] Denn jeder große Gedanke, der zu Ende gedacht werde, hin zum Messianischen, sei ein Widerspruch, ein Protest gegen das Bestehende, das aktiv umzuwandeln sei, um auf diesen Frieden hinzuarbeiten.[208]

Es scheint hinreichend klar geworden zu sein, mit welcher Kompromisslosigkeit Leo Baeck die Friedensarbeit betont. In ihr allein liege die Zukunft der Menschheit, und jeder müsse sie für sich und in der Gemeinschaft verwirklichen.

Moritz Lazarus, Hermann Cohen und Leo Baeck bedingen einander, bauen aufeinander auf. Zu betonen ist, dass dies nur inhaltlich, nicht jedoch formal geschieht.[209] Was Lazarus anschneidet, wird bei Cohen weitergedacht und von Baeck übernommen, verabsolutiert. So sind Feindesliebe und Ausrottung des Hasses bei Baeck, ähnlich wie bei Cohen, wichtige Marksteine zur Erreichung des Friedens, eines Friedens, der auf die Vergangenheit, den Ursprung, verweist, für den in der Gegenwart gearbeitet werden muss, um ihn schließlich in der Zukunft zu erreichen. Dann wird das Reich Gottes angebrochen sein. Auch mit seiner Botschaft vom Frieden ist Leo Baeck zu einem Leitbild für die Theologie des 20. Jahrhunderts geworden. Diese Botschaft des Friedens hat einen bemerkenswerten Niederschlag in offiziellen Texten gefunden. So konnte die konservative ›Rabbinical Assembly of America‹ am 3. Mai 1933, also kurz nach Hitlers Machtergreifung, ihren Appell formulieren: »The world has risked so much for war. Let it risk as much for peace« (»Die Welt hat so viel für den Krieg aufs Spiel gesetzt, möge sie es doch ebenso für den Frieden tun«).[210]

In ›Judaism for Today‹, dem Standardwerk der Reform Synagogues of Great Britain, formuliert Rabbi John D. Rayner den Primat des Friedens als persönliche Aufgabe eines jeden: »Clearly it is the duty of every Liberal Jew to promote international peace.« (»Es ist die unzweifelhafte Pflicht jedes liberalen Juden, den internationalen Frieden voranzutreiben«).[211]

Dies hat auch in den vielen Textrevisionen liberaler Gebetbücher klaren Ausdruck gefunden. Im ›Union Prayer Book‹ der Union of American Hebrew Congregations von 1922/24 heißt es: »Gewähre uns Frieden, Deine kostbarste Gabe, o Du ewige Quelle des Friedens, und befähige Israel, der Bote des Friedens unter den Völkern der Erde zu sein. Segne unser Land, dass es immer ein Hort des Friedens und ein Anwalt des Friedens in den Räten der Nationen sein möge … Gepriesen bist du, o Herr, Geber des Friedens.«[212]

»Möge der Geist brüderlicher Liebe und gegenseitiges Verstehen alle Wunden heilen. Lass, o Herr, das Getöse des Kriegs an allen Enden der Welt verstummen, auf dass ein jeder bei seinem Weinstock und unter seinem Feigenbaum sitzen kann und keiner ihn aufschreckt… Gib, o himmlischer Vater, dass Dein Reich, das Reich der Wahrheit und des Friedens sich ausbreite, und lass die Tage nahen, da Du erkannt sein wirst als der Herr über die ganze Erde. Amen!«[213]

Ganz deutlich wird die Einstellung des Liberalen Judentums außerdem in den Beschlüssen der ›Central Conference of American Rabbis‹, der liberalen Rabbinerkonferenz der Vereinigten Staaten von Amerika, die zur Waffengewalt eindeutig Stellung bezieht. 1935 wurde von der CCAR die Wehrdienstverweigerung befürwortet. Darüber hinaus diskutierte man die Resolution: »dass diese Konferenz erklärt, dass sie sich von nun an gegen jeden Krieg stellt und dass sie allen

Juden empfiehlt, sie sich um ihres Gewissens willen und im Namen Gottes zu weigern, sich am Tragen von Waffen zu beteiligen«.[214]

In den ›Guiding Principles of Reform Judaism‹ der CCAR von 1937 heißt es: »Das Judentum hat der Menschheit seit den Tagen der Propheten das Ideal des universellen Friedens verkündet. Die geistige und physische Abrüstung aller Völker ist eine seiner wesentlichen Lehren. Es verabscheut jede Gewalt und setzt auf moralische Erziehung, Liebe und Mitgefühl, um den menschlichen Fortschritt zu sichern. Es betrachtet Gerechtigkeit als die Grundlage für das Wohlergehen der Nationen und als Voraussetzung für einen dauerhaften Frieden. Es drängt auf eine organisierte internationale Aktion für Abrüstung, kollektive Sicherheit und Weltfrieden.«[215]

Ob auf Basis der jüdischen Spruchtradition oder religiös-philosophischer Überlegungen: Alle modernen Strömungen innerhalb des Judentums haben durch die Zeiten ein fast enthusiastisches Friedensideal entwickelt. Solange der Mensch Wünsche und Sehnsüchte nach einer besseren Welt hegt, kann der Glaube an die Möglichkeiten friedlichen Zusammenlebens nicht erschüttert werden. Für das Judentum hat dies einmal der Dichter Saul Tschernikowsky (1875–1943) in Worte gefasst: »Und ich glaube an die Zukunft, wie weit sie auch entfernt sein mag, in der ein Volk das andere preist und im Frieden seinen Weg geht.«[216]

Der Staat Israel: Vom gerechten Krieg zum gerechten Frieden?

Nach Zweitem Weltkrieg und Schoa kam es 1948 mit der Wiedererstehung des Staates Israel auf dem heiligen Boden des verheißenen Landes und mit den fortwährenden Konflikten, die mit den umkämpften Gebieten bis heute und vermutlich auch noch in Zukunft auftreten, zu einem Paradigmenwechsel gegenüber der jahrhundertelangen Diasporaerfahrung des jüdischen Volkes. Nach gut zwei Jahrtausenden ohne staatliche Souveränität stellte sich die Frage nach einer gerechten Kriegsführung angesichts der konkreten Bedrohung, die Wehrhaftigkeit und Selbstverteidigung nötig machte, ganz neu.

Die Frage nach einer jüdischen Selbstverteidigung kam in Europa in Folge des Pogroms von 1903 im damals russischen Kischinjow (Chișinău, Moldawien) auf. Der Dichter Chaim Bialik (1873–1934) beklagte in seinem Gedicht »In der Stadt des Gemetzels« 1904 die Passivität der Opfer des Pogroms und rief die Juden dazu auf, sich zur Selbstverteidigung zusammenzuschließen. Die jüdischen Selbstverteidigungsgruppen, die sich daraufhin gründeten, konnten die Gewalt beim zweiten Pogrom im Oktober 1905 zumindest teilweise eindämmen. Das wohl eindringlichste Beispiel für jüdische Selbstverteidigung zur Zeit der

Schoa ist der militante Aufstand im Warschauer Ghetto im April 1943. Die Jüdische Kampforganisation (›Żydowska Organizacja Bojowa‹, kurz ŻOB) war bereits am 28. Juli 1942 im Zuge der großen Liquidierungsaktion gegründet worden; eine weitere Untergrundorganisation, die Anfang 1943 ins Leben gerufen wurde, war die Jüdische Militärunion (›Żydowski Związek Wojskowy‹, kurz ŻZW).[217] Norman Solomon verweist im Zusammenhang mit dem Ghettoaufstand auf Rabbiner Menachem Ziemba (1883–1943). Dieser erteilte am 14. Januar 1943 seine rabbinische Zustimmung zum Aufstand, indem er mit Bezug auf den Märtyrertod (›kiddusch haschem‹) erklärte: »Wir müssen dem Feind notwendigerweise an allen Fronten widerstehen (…) Die Heiligung des göttlichen Namens manifestiert sich auf unterschiedliche Weise. In der Vergangenheit wurden wir in der Zeit religiöser Verfolgung vom Gesetz [der Halacha] aufgefordert, ›unser Leben hinzugeben (…)‹. In der Gegenwart jedoch, wenn wir einem Erzfeind gegenüberstehen, dessen beispiellose Rücksichtslosigkeit und Programm der totalen Vernichtung keine Grenzen kennt, verlangt die Halacha, dass wir mit unvergleichlicher Entschlossenheit und Tapferkeit bis zum Ende kämpfen, um der Heiligung des göttlichen Namens willen.«[218]

Eine Philosophie und Theologie des Friedens hatten sich in ›Eretz Jisrael‹ schon entwickelt, noch ehe ein jüdischer Staat entstanden war. So verweist Norman Solomon darauf, dass Rabbiner Abraham Isaac Kook (1865–1935), der aschkenasische Oberrabbiner in der britischen Mandatszeit, darauf drängte, dass die jüdische Besiedlung des Landes nur mit friedlichen Mitteln erfolgen sollte.[219] Mit dem kontinuierlichen Zuzug von Juden in der zweiten Hälfte des 19. Jahrhunderts war angesichts der konkreten Bedrohung aber auch dort Wehrhaftigkeit und Selbstverteidigung nötig geworden. Der preußische Rabbiner Zwi Hirsch Kalischer (1795–1874) hatte auf Einwände, dass die Bedingungen für die Errichtung landwirtschaftlicher Siedlungen im Land Israel nicht günstig seien, bereits in den 1860er-Jahren dazu aufgerufen, dass die Siedler militärisch geschulte Wachmannschaften organisieren, deren Mitglieder die landwirtschaftliche Arbeit mit der Verteidigung gegen Angriffe verbinden sollten.[220]

Ein Fanal waren die antijüdischen Massaker in Hebron und Safed im August 1929; daneben kam es auch in Jerusalem, Jaffa und Gaza zu gewalttätigen Ausschreitungen seitens der arabischen Bevölkerung.[221] Die Ereignisse gaben dem rechten Flügel des Zionismus und der paramilitärischen Miliz ›Hagana‹ (»die Verteidigung«) Auftrieb und erschütterten die 1925 von Martin Buber (1878–1965) mitbegründete Vereinigung ›Brit Schalom‹ (»Friedensbund«), die das jüdisch-arabische Verständnis fördern wollte und der auch Samuel Hugo Bergmann, Ernst (Akiva) Simon und Judah Magnes angehörten. Der ›Brit Schalom‹ stellte seine Arbeit 1933 ein. Der Reformrabbiner Judah Leon Magnes (1877–1948), der erste Präsident der Hebräischen Universität in Jerusalem, gründete 1942 die Nachfolgeorganisation ›Ichud‹ (»Einheit«). Magnes erklärte in seiner Eröffnungsrede für das Akademische Jahr 1929/30: »Eine der größten Kulturpflichten des jüdischen Volkes ist der Versuch, in das Gelobte Land zu kommen, nicht durch Eroberung wie Joschua, sondern auf friedlichen und kulturellen Wegen: durch schwere Arbeit, Opfer, Liebe und mit der Entscheidung, dass man niemals etwas tun wird, das nicht vor dem Gewissen der Welt verteidigt werden kann …«[222]

Die Friedensarbeit dieser beiden Organisationen zugunsten einer Zweistaatenlösung war stets ein Kampf gegen die herrschenden Strömungen der Zeit und hatte keinen nachhaltigen Erfolg. Ein weiteres Fanal war im Juni 1941 ein antijüdischer Pogrom im irakischen Bagdad, der ›Farhud‹ (»gewaltsame Enteignung«) – die ersten Ausschreitungen dieser Art in der 2.500-jährigen Geschichte der mesopotamischen Judenheit.

Bis Mitte der 1930er-Jahre ließ die zionistische Führung in Palästina nur ein defensives Handeln zu und hielt an ihrer Politik der ›hawlaga‹ (»Zurückhaltung«) fest, trotz der arabischen Unruhen von 1920, 1921, 1929 und 1936. In den 1930er-Jahren kam dann das Konzept der »Reinheit der Waffen« auf (›tohar haneschek‹), das ein Minimum an Gewalt bei der Erreichung militärischer Ziele und die Unterscheidung zwischen Kombattanten und Nichtkombattanten verlangt.

Das Konzept ist in das ›Official Doctrine Statement of the Israel Defense Forces (IDF)‹ eingegangen, in dem es heißt: »Die weiblichen und männlichen Angehörigen der IDF verwenden ihre Waffen und Kraft ausschließlich zum Zweck ihrer Mission nur im nötigen Umfang und behalten ihre Menschlichkeit auch während eines Kampfes. IDF-Soldaten verwenden ihre Waffen und Kraft nicht, um Menschen zu schaden, die keine Kämpfer oder Kriegsgefangene sind, und sie werden alles in ihrer Macht Stehende tun, um zu verhindern, dass ihr Leben, Körper, ihre Würde und ihr Eigentum Schaden nehmen.«[223]

Die Erfahrungen von Trauma und Traum – die Ermordung der europäischen Juden in der Schoa und das Wiederaufleben eines Staates in Israel – sind die grundlegenden Gegebenheiten des jüdischen Lebens bis heute. Eine prägende Erfahrung ist auch die Flucht beziehungsweise Vertreibung von etwa 900.000 Juden aus der arabischen Welt, vom Irak bis Marokko, nach der Staatsgründung Israels 1948.

Am 12. April 1948, kurz vor der Unabhängigkeitserklärung Israels am 14. Mai, unterzeichnete Rabbiner Leo Baeck, damals Präsident der ›World Union for Progressive Judaism‹, zusammen mit Albert Einstein

(1879–1955) einen Appell zur Kooperation in Palästina, der sich gegen Extremismus auf jüdischer wie auf arabischer Seite wandte und als Leserbrief in der ›New York Times‹ erschien. Er endet mit den Worten: »Wir glauben, dass jede konstruktive Lösung allein dann möglich ist, wenn sie auf der Sorge um Wohlergehen und Zusammenarbeit von beiden, Juden und Arabern in Palästina, beruht. (…) Die Unterzeichnenden appellieren an alle Juden, sich auf das eine wichtige Ziel zu konzentrieren: das Überleben und die dauerhafte Entwicklung der jüdischen Siedlung in Palästina auf einer friedlichen und demokratischen Grundlage, der einzigen, die ihre Zukunft in Übereinstimmung mit den grundlegenden geistigen und moralischen Prinzipien sicherstellt, die der jüdischen Tradition innewohnen und für die jüdische Hoffnung wesentlich sind.«[224]

Der jüdische Autor, der wohl am meisten über Fragen des Krieges geschrieben hat, war laut Daniel F. Polish der aus Polen stammende Rabbiner Shlomo Goren (1917–1994), der erste Oberrabbiner der Israelischen Verteidigungsstreitkräfte (IDF), sowohl ein Toragelehrter als auch ein Armee-Veteran. Er entgegnete auf den Einwand, dass Krieg dem Judentum nicht angemessen sei, dass der Krieg und Fragen des Geistes und der Moral nicht im Gegensatz zueinander stehen sollten: »Die Tora Israels lehrt uns, und seine Propheten schärfen uns ein, dass wir keine Trennung vornehmen sollten zwischen denen, die die Fahne der Moral und des Geistes tragen, und denen, die die Fahne der physischen Befreiung tragen, auch nicht durch Krieg und Eroberung. Alle Großen Israels, seine Lehrer und seine geistigen Führer im Altertum, hielten in ihrer Seele Kraft und Geist zusammen. Die Männer des Geistes gaben ein Beispiel auch für unabhängigen Mut im Kampf auf den Schlachtfeldern gegen die Feinde Israels und seine Unterdrücker. Diese Integration von Schwert und Buch zieht sich wie ein Endlosfaden durch die jüdische Geschichte, nicht nur in der biblischen Zeit, sondern auch danach in der Zeit der Hasmonäer und nach der Zerstörung des Zweiten Tempels in der Zeit des zweiten Aufstands in den Tagen von Bar Kochba, R. Akiwa, R. Schimon ben Jochai und seinen Freunden.«[225]

Gorens Anliegen war für Polish die Schaffung einer jüdischen Halacha, einer jüdischen Ethik des Krieges. »Unter seinen zahlreichen Schriften zu diesem Thema schließt Goren die Zulässigkeit von erlaubten Kriegen aus – zumindest bis zum Kommen des Messias. Gleichzeitig plädiert er für Verteidigungskriege, scheint aber eine sehr begrenzte Definition dessen zu formulieren, was einen solchen Verteidigungskrieg ausmachen würde: Die Tora lehre: »»Wenn jemand kommt, um dich zu töten, dann töte ihn zuerst‹ (Berachot 58 und parallele Quellen). Und die Tora hat nicht unterschieden zwischen der Zeit des Tempels und der heutigen Zeit, auch nicht zwischen der Rettung vieler Menschen und der Rettung des Einzelnen, denn wer [einen anderen] retten kann, muss [ihn] retten, weil ›du nicht untätig beim Blut deines Mitmenschen stehen sollst‹«.[226]

In einer Zeit der Gefahr, in der Land und Leben von den Nachbarn bedroht werden, ist die große Frage, nach welchen Werten die eigenen Streitkräfte verfahren. Die Grundwerte der israelischen Verteidigungsstreitkräfte (IDF) beruhen auf vier Säulen:

»Verteidigung des Staates und seiner Einwohner: Der Zweck der IDF ist es, Israel und seine Unabhängigkeit zu schützen und die Sicherheit seiner Einwohner zu gewährleisten.

Patriotismus und Loyalität gegenüber Israel: Patriotismus, Engagement und Hingabe gegenüber dem Staat Israel und seinem Volk sind der Kern des Dienstes in den IDF.

Menschenwürde: Die IDF und unsere Soldaten sind verpflichtet, die Menschenwürde zu schützen. Jeder Einzelne besitzt von Natur aus eine innere Würde, unabhängig von seiner ethnischen Zugehörigkeit, Religion, Nationalität, seinem Geschlecht oder sozialem Status.

Staatlichkeit: Die IDF sind die Armee des Volkes, das Militär des Staates Israel, das dem Gesetz und der Regierung des Staates Israel untersteht. Die Soldaten der IDF werden ihren Auftrag, die Werte der IDF und die Sicherheit Israels als ihre Priorität betrachten. Sie werden mit Integrität, Sachlichkeit und angemessenem Auftreten handeln.«[227]

Der israelische Historiker, Philosoph und Religionswissenschaftler Aviad Kleinberg (geb. 1957) kommentiert die durch die Staatsgründung veränderte Situation wie folgt: »Juden hatten die Kriege des Herrn in den Synagogen und religiösen Akademien geführt. Das alles hatte sich nun geändert. Wie die säkularen Zionisten waren auch die religiösen Zionisten von der physischen Macht fasziniert, aber sie fügten ihr eine religiöse Aura hinzu. Die IDF war ein Instrument Gottes, und der Krieg […] war ein privilegierter Ausdruck für den Marsch der heiligen Nation durch die Geschichte.«[228]

Rabbiner Elliott N. Dorff (geb. 1957), Professor für Jüdische Theologie und Rektor der American Jewish University, legte 2012 eine schlüssige Theorie zu Krieg und Frieden aus heutiger jüdischer Perspektive vor, die auch einen Bewertungsmaßstab für die Operationen der israelischen Verteidigungskräfte bietet. In ihr heißt es: »Manchmal müssen Kriege geführt werden. Heute gelten nur noch Selbstverteidigung und Vermeidung von Götzendienst als Kriegsgründe, nicht aber territorialer Zugewinn. Selbstverteidigung kann auch den Erstschlag beinhalten, wenn die kriegerischen Absichten des Feindes offensichtlich sind. Juden sollten nur in Kriegen kämpfen, die zu gewinnen sind.

Krieg sollte unter allen Umständen vermieden werden, den Frieden sollte man aktiv suchen.«[229]

Im Krieg solle laut Dorff Leben nach Möglichkeit geschont werden, wobei das eigene Leben und das der Kameraden Vorrang haben. Natur und Umwelt dürfen durch Kriegshandlungen nicht in Mitleidenschaft gezogen werden. Verbotene Kriegshandlungen seien Vergewaltigung und andere Formen des Terrors. Dem Feind müssen Erniedrigung oder unnötige Verletzung erspart werden. In den vergangenen Jahrzehnten haben Kritiker wie der deutsch-französisch-jüdische Politologe Alfred Grosser (1925–2024) den israelischen Regierungen immer wieder einen dem eigenen Wertesystem nicht entsprechenden Umgang mit den Palästinensern vorgeworfen.[230]

Betrachten wir die Friedensinitiativen, die innerhalb des Staates Israels während der vergangenen Jahrzehnte immer wieder Fürsprecher hatten, so liegt die Einsicht nahe, dass die israelische Bevölkerung grundsätzlich geprägt ist von der jüdischen Hoffnung auf die Möglichkeit eines umfassenden Friedens, der mehr ist als nur die Abwesenheit von Krieg. Mordechai Bar-On (1928–2021), Oberst der israelischen Verteidigungsstreitkräfte und Nestor der außerparlamentarischen Friedensbewegung in Israel, hat deren Entwicklung seit 1949 nachgezeichnet: vom Triumphalismus nach dem Sechs-Tage-Krieg 1967 bis zur Ernüchterung nach dem Jom-Kippur-Krieg 1973, als klar wurde, dass auch militärische Stärke das Land nicht unverwundbar machen würde. Diese Erkenntnis führte 1979 zum Friedensschluss mit Ägypten und erklärt die Proteste tausender Israelis gegen den Libanonfeldzug 1982.

Der israelische Schriftsteller Amos Oz (1939–2018) machte 1992 anlässlich der Verleihung des Friedenspreises des Deutschen Buchhandels an ihn deutlich: »Die Friedensbewegung in Israel ist keine pazifistische Bewegung; sie ist auch kein Resultat der amerikanischen und westeuropäischen Sensibilisierung der sechziger Jahre. Die Westbank und der Gazastreifen sind weder Vietnam noch Afghanistan. Israel ist nicht Südafrika, und der israelisch-arabische Konflikt hat wenig mit der imperialistischen oder kolonialen Vergangenheit zu tun. Die Friedensbewegung in Israel ist für mich ein Ausdruck der humanistischen Aspekte des Zionismus und der universalistischen Züge des Judentums.«[231]

Die ›Schalom Achschaw‹-Bewegung (»Peace Now«, »Frieden Jetzt«) wurde 1978 gegründet. Wichtige Protagonisten dieser Friedensbewegung waren Uri Avnery (1923–2018), Abie Nathan (1927–2008), Matti Peled (1923–1995) und Shulamit Aloni (1928–2014). Im Ringen um einen Ausgleich mit der arabischen Seite standen diese Wortführer einem starken politischen Block gegenüber, der seit Golda Meir (1878–1968) von Unnachgiebigkeit geprägt war. Diese Position ist verbunden mit Politikern wie Menachem Begin (1913–1992), Avigdor Lieberman (geb. 1958) und Benjamin Netanjahu (geb. 1949).

Nach Camp David 1978 und dem Friedensschluss mit Ägypten schien unter Jitzchak Rabin (1922–1995) der Durchbruch zum Frieden zum Greifen nahe. In der Rede kurz vor seiner Ermordung sagte Rabin am 4. November 1995 in Tel Aviv: »Ich war ein Mann des Militärs 27 Jahre lang. Ich habe so lange gekämpft, wie es keine Chance auf Frieden gab. Ich glaube, dass es jetzt eine Chance für den Frieden gibt, eine große Chance. Wir müssen sie nutzen, um derer willen, die hier stehen, und um derer willen, die nicht hier sind – und das sind viele. Ich habe immer geglaubt, dass die Mehrheit des Volkes den Frieden will und bereit ist, für den Frieden Risiken einzugehen. Indem Sie heute hierhergekommen sind, zeigen Sie zusammen mit vielen anderen, die nicht gekommen sind, dass das Volk wirklich Frieden will und Gewalt ablehnt. Gewalt untergräbt die Grundlage der israelischen Demokratie. Sie muss verurteilt und isoliert werden.«[232]

Mit Rabins Ermordung 1995 schloss sich ein Handlungsfenster, das erst mit dem langjährigen Hardliner Ariel Scharon (1928–2014) acht Jahre später wieder aufzugehen schien. Dieser legte im Dezember 2003 den als »Scharon-Plan« bekannten einseitigen Abzugsplan aus dem Gazastreifen und Teilen des Westjordanlandes vor, wonach alle Siedlungen im Gazastreifen und vier im Westjordanland aufgelöst werden sollten. Durch seine Erkrankung im Dezember 2005, die ihn ins Koma fallen ließ, war einem Prozess des Ausgleichs mit den Palästinensern keine Nachhaltigkeit beschieden.

Ethische Überlegungen waren und sind Teil der Entwicklung des jüdischen beziehungsweise israelischen Kriegsrechts. 1993 zeigte Rabbiner Moshe Reuven Zemer (1932–2011) mit seinem Buch ›Halacha Schfuja‹ (»Nüchterne Halacha«)[233] nicht nur, dass das jüdische Religionsgesetz den Kern der Erneuerung in sich trägt, sondern dass es uns auch heute relevante Antworten auf schwierige ethische Fragen bieten kann. Das Standardwerk des großen liberalen Rechtsgelehrten behandelt auch das Verhältnis zum Feind im Kriegsfall und bringt dabei Beispiele besonders fragwürdiger halachischer Argumentation. Bei den Fällen, die Zemer diskutiert – darunter die Rechtfertigung von Gewalt gegen Frauen und Kinder –, stellt er den humanistischen Ansatz der Rabbiner Abraham Jitzhchak Kook, Ben-Sion Usi'el, Ovadja Josef, Chaim David Halevi und Shlomo Goren dem eher chauvinistischen Ansatz der Rabbiner Shaul Israel, Shimon Weiser, Avraham Avidan, Yaakov Ariel und Zvi Yehuda Kook gegenüber. Die konkreten Fälle, die diese halachischen Dezisoren kommentierten, sind inzwischen Geschichte, doch die ethischen Fragen bleiben aktuell.

Zemer verweist darauf, dass Shlomo Goren Maimonides zu der Frage zitiert, warum König David nicht den Jerusalemer Tempel bauen durfte: David habe zwar ganz zu Recht gegen Götzendiener gekämpft, sei jedoch wegen seiner Grausamkeit nicht würdig gewesen, den Tempel zu erbauen.[234] Er ergänzt im Jahr 1993: »Wenn dies für König David galt, um wieviel mehr gilt es für die gewählten Vertreter des Volkes und die Befehlshaber der Armee heute.«[235]

Rabbiner Reuven Kimelman kommt unter anderem zu dem Schluss, dass sich ein durchgängiger Faden von den biblischen Verordnungen über die mittelalterlichen Reflexionen bis hin zur modernen Praxis zieht. Nur weil eine Armee legitimerweise einen Aggressor zurückschlägt, heiße dies nicht, dass sie das Leben der Zivilbevölkerung zerstören dürfe: »Der Krieger ist der Feind, nicht der nicht kämpfende Zivilist. Ein gerechter Krieg rechtfertigt keine ungerechten Handlungen. Es muss einen Gleichklang zwischen Mitteln und Ziel geben. Wenn Frieden das Ziel ist, muss die Realität des Krieges von der Vision der Versöhnung zwischen den kriegführenden Völkern abhängig gemacht werden. In diesem Sinne ist die Erziehung zum Frieden Teil des militärischen Engagements.«[236]

»Frieden ist die einzige Option«

Es ist das Anliegen dieses Buches, die zentrale Bedeutung des ›schalom‹-Begriffs für das jüdische Denken durch die Jahrhunderte herauszuarbeiten. Dennoch bleibt ein Dilemma: Der Widerstreit zwischen einer prophetisch geprägten Friedensliebe und der Notwendigkeit, die eigene Existenz zu verteidigen und sich in einem feindlichen Umfeld zu behaupten.

Aus diesem Dilemma erklären sich die divergierenden Ansichten der mittelalterlichen jüdischen Gelehrten zum Krieg genauso wie die Vielfalt, ja Widersprüchlichkeit moderner Haltungen im Judentum. George R. Wilkes hat in seinem Essay ›Ambivalent Normativity: Reasons for Contemporary Jewish Debate over the Laws of War‹ (2012) diese Ambivalenz beschrieben. Sie ergibt sich aus einer zweifachen Erkenntnis: Die textliche Grundlage aller konkurrierenden Ansätze zu Gerechtigkeit und Frieden im Judentum ist nicht eindeutig, und auf der Suche nach jüdischen Normen im Kriegsfall gibt es ganz unterschiedliche geografische, konfessionelle und politische Perspektiven.[237] Gerade in den letzten Jahrzehnten ist die Literatur angewachsen, die einen spezifisch jüdischen Blick auf den Krieg zum Anliegen hat und spezifische jüdische Normen für die Fragen von Frieden und Krieg finden will.[238]

Wilkes führt die Werke von J. David Bleich, Stefan Merken und Murray Polner sowie von Michael Walzer als nützliche Grundlage für diese Aufgabe an.[239] Gerade Walzer hebt das Besondere der jüdischen Tradition hervor und sieht sie als wertvolle Quelle der Reflexion über den Krieg, weil in ihr der menschliche Kontext im Zentrum stehe, in dem Krieg geführt werde.[240] Robert Eisen teilt diese Position in seinem Buch ›The Peace and Violence of Judaism – From the Bible to Modern Judaism‹ (2011). Die Vielstimmigkeit und Uneindeutigkeit der jüdischen Positionen mache es immer wieder notwendig, eine ganz individuelle ethische Synthese zu gewinnen.

Die Entwicklung des jüdischen Denkens zu Krieg und Frieden macht die besondere Wertschätzung des Friedensbegriffes im Judentum ganz klar.[241] Heute lässt sich feststellen: Es geht nicht mehr darum, dass der Mensch in Berufung auf Gott den Feind besiegen will. Vielmehr soll er im Sinne Gottes den Frieden schaffen. Dieses Ziel lässt sich jedoch nur innerhalb einer Gesellschaft verwirklichen, die die Prinzipien der Gerechtigkeit und Gewaltlosigkeit priorisiert. Weder vertritt das Judentum einen lupenreinen Pazifismus, noch erlaubt es Krieg mit allen Mitteln und zu allen Zwecken. Imperialistische Expansionskriege werden durch den biblischen Befund nicht gedeckt. Es geht um die Einnahme des von Gott verheißenen Landes, nicht um die Eroberung fremder Territorien. Im

Kriegsfall gibt es klare ethische Regeln. Vor Eintritt in einen Krieg ist Verhandlungen und friedensstiftenden Maßnahmen der Vorzug zu geben. Einer korrupten oder unmoralischen politischen Führung darf mit Ungehorsam begegnet werden. Und wendet man den Blick in eine eschatologische Zukunft, so träumen Juden von der völligen Beseitigung von kriegerischen Handlungen zugunsten einer allgemeinen friedlichen Gesellschaft.[242]

In den letzten Jahrzehnten gab es vielfältige Ansätze, gewaltlose Konfliktregelungsmechanismen zwischen Menschen und Staaten zur Wirkung zu bringen, aber wir stehen auch fassungslos vor der Tatsache, dass diese außer Acht gelassen werden und man sich über sie hinwegsetzt. Auf dieses Dilemma hat auch das jüdische Denken keine abschließende Antwort. Am ehesten noch ermutigen die jüdischen Quellen uns zu einem Aufbäumen gegenüber dem Faktischen.

Das Massaker der palästinensischen Terrororganisation Hamas am 7. Oktober 2023 ist so ein unfassbares Faktum. Es hat zu einer kollektiven (Re-)Traumatisierung der israelischen Gesellschaft geführt. Die Langzeitkonsequenzen lassen sich derzeit gar nicht absehen. Eine fundamentale Einsicht bleibt: Kein Frieden ohne Sicherheit![243]

Die ZEIT-Redakteurin Evelyn Finger kommentierte am 15. November 2023 die Kritik am Vorgehen der israelischen Streitkräfte in Gaza-Stadt und fragte, wie man einen Gegner bekämpfen könne, der sich hinter Zivilisten verschanzt: »Die Kritik an der Offensive ist wohlfeil: Der Kampf gegen die Hamas kann nicht schuldfrei geführt werden.« Israel befinde sich in einem Dilemma: »Wie bekämpft man den Terror und schützt zugleich Unschuldige? Diese Frage kann Israel nicht allein beantworten. Sie richtet sich an die Staatengemeinschaft. Kurzum: an alle.«[244] Im Dezember 2023 stellte die amerikanisch-jüdische Philosophin Seyla Benhabib fest: »Wir sind in einer Sackgasse, und es scheint keinen Ausweg zu geben.«[245] Selbstkritisch benennt sie das Dilemma, das sich nach diesem Massaker für die israelische Seite auftut: »Israel muss sich die Frage gefallen lassen, wohin die Palästinenser gehen sollen. Ich verstehe die Strategie Israels auch nicht vollständig. Ägypten wird diese Menschen wahrscheinlich nicht aufnehmen wollen. Die humanitäre Situation der Palästinenser ist katastrophal. Ob das mit dem Recht eines Staates auf Selbstverteidigung, wie es Israel auslegt, in Einklang steht, ist eine offene Frage.«[246] Benhabib verweist damit auf die Problematik, trotz des unfassbaren Gräuels zu einer ethisch verantworteten Reaktion zu kommen.

Was das Massaker noch perfider macht: Unter denen, die am 7. Oktober 2023 getötet oder verschleppt wurden, waren viele Friedensaktivisten und -aktivistinnen, die sich für Menschenrechte und einen Ausgleich mit den Palästinensern eingesetzt hatten.[247]

Trotzdem gibt der israelische Schriftsteller David Grossmann (geb. 1954) nach diesem Schwarzen Schabbat die Hoffnung auf einen neuen Anfang nicht auf. Sein Dennoch ruht auf den jüdischen Quellen, wenn er sagt: »Frieden ist die einzige Option«.[248] Dieses Dennoch Grossmanns ist auch die Einsicht dieses Buches: Ohne Frieden gibt es keine Zukunft. Ihn zu schaffen ist unsere Aufgabe. Wir können nicht warten, bis ein Messias sie löst. Im Midrasch Tanchuma (Zaw 3) heißt es dazu: »Obwohl in der Tora über Kriege geschrieben wird, wird über sie um des Friedens willen geschrieben.«

Bibliografie

Appelbaum, Peter C.: Habsburg Sons. Jews in the Austro-Hungarian Army 1788–1918, Brookline/MA 2021.

Baeck, Leo: Das Wesen des Judentums [1905], Wiesbaden o. J.

Bamberger, Selig (Hrsg.): Raschi-Kommentar zum Pentateuch, Hamburg 1922, Basel 1975.

Bammel, Fritz: Die Religionen der Welt und der Friede auf Erden – eine religionsphänomenologische Studie, München 1957.

Benhabib, Seyla: Wir sind in einer Sackgasse, und es scheint keinen Ausweg zu geben. Interview von Michael Hesse, in: Frankfurter Rundschau (17. Dezember 2023) https://www.fr.de/kultur/gesellschaft/politologin-seyla-benhabib-wir-sind-in-einer-sackgasse-und-es-scheint-keinen-ausweg-zu-geben-92733413.html (aufgerufen am 20. Sept. 2024).

Berger, Michael/Römer-Hillebrecht, Gideon (Hrsg.): Juden und Militär in Deutschland. Zwischen Integration, Assimilation, Ausgrenzung und Vernichtung, Baden-Baden 2009.

Die Hebräische Bibel. Übertragen von Rabbiner Ludwig Philippson. Hrsg. von Walter Homolka, Hanna Liss, Rüdiger Liwak

- [Tora] Die Fünf Bücher Mose und die Prophetenlesungen (hebräisch-deutsch) in der revidierten Übersetzung von Rabbiner Ludwig Philippson, Freiburg i. Br. 2015, ³2021.
- [Newiim] Die Propheten (hebräisch-deutsch) in der revidierten Übersetzung von Rabbiner Ludwig Philippson, Freiburg i. Br. 2016.
- [Ketuwim] Die Schriften (hebräisch-deutsch) in der revidierten Übersetzung von Rabbiner Ludwig Philippson, Freiburg i. Br. 2018.

Blau, Ludwig: Das altjüdische Zauberwesen, Graz 1974.

Bleich, J. David: Contemporary Halakhic Problems, Bd. I–IV, New York 1977–1989.

Ders: Preemptive War in Jewish Law, in: Tradition: A Journal of Orthodox Jewish Thought, Bd. 21, Heft 1 (01/1983), 3–41.

Borowitz, Eugene B.: Reform Judaism Today, Bd. 1–4, New York 1978.

Brandt, Henry G. (Hrsg.): Or Chadash. Gebete für Schabbat, Fest- und Wochentage, Zürich 1981.

Buber, Martin: Des Baal-Schem-Tow Unterweisungen im Umgang mit Gott, Köln 1970.

Ders.: Martin Buber. Werkausgabe, hrsg. von Susanne Talabardon, Band 17 (Chassidismus II), Gütersloh 2016.

Caspari, Wilhelm: Der biblische Friedensgedanke nach dem Alten Testament. Berlin-Lichterfelde 1916.

Cohen, Arthur A. (Hrsg.): Essay from Martin Buber's Journal ›Der Jude‹ 1916–1928, Tuscaloosa 1980.

Cohen, Hermann: Jüdische Schriften, Bd. 3, Berlin 1924.

Ders.: Liebe und Gerechtigkeit in den Begriffen Gott und Mensch, Jahrbuch für jüdische Geschichte und Literatur, Bd. 3, Berlin 1900.

Ders.: Innere Beziehungen der Kantischen Philosophie zum Judentum. 28. Jahresschrift der Lehranstalt für die Wissenschaft des Judentums, Berlin 1910.

Ders.: Religion der Vernunft aus den Quellen des Judentums [1919], Wiesbaden 1978.

Cohon, Samuel S.: Judaism and War. Popular Studies in Judaism, Cincinnati [1943] o. J.

Crüsemann, Frank: Die Tora. Theologie und Sozialgeschichte des alttestamentlichen Gesetzes, München 1992.

Davidson, Benjamin: The Analytical and Chaldee Lexicon, London 1970.

Dorff, Elliot N.: War and Peace: A Methodology to Formulate a Contemporary Jewish Approach, in: Philosophia (2012), 643–661.

Dresner, Samuel H.: God, Man and Atomic War, New York 1966.

Dubnow, Simon: Weltgeschichte des Jüdischen Volkes, 3 Bde., Jerusalem ²1971.

Ebach, Ruth: Das Fremde und das Eigene: Die Fremdendarstellungen des Deuteronomiums im Kontext israelitischer Identitätskonstruktionen, Berlin 2014.

Eichhorn, David Max: Conversion to Judaism. A History and Analysis, New York 1965.

Eisen, Robert: The Peace and Violence of Judaism – From the Bible to Modern Zionism, New York 2011.

Ders.: Religious Zionism, Jewish Law and the Morality of War, New York, 2017.

Elßner, Thomas R.: Josua und seine Kriege in jüdischer und christlicher Rezeptionsgeschichte (= Theologie und Frieden, Band 37), Stuttgart 2008.

Encyclopaedia Judaica: Bd. 13, Jerusalem 1971.

Encyclopaedia Judaica: Bd. 21, New York 2007.

Finger, Evelyn: Israels Dilemma, in: Die Zeit, Nr. 49/2023 (15. November 2023), https://www.zeit.de/2023/48/nahostkonflikt-zivilisten-hamas-israel (aufgerufen am 20. Sept. 2024).

Fohrer, Georg: Das Alte Testament, Teil 1, Gütersloh ³1980.

Frankel, Zacharias: Der gerichtliche Beweis nach mosaisch-talmudischem Rechte, Berlin 1846.

Fraser, Thomas G.: Contested Lands – A History of the Middle East since the First World War, London 2021.

Friedlander, Albert H: Leo Baeck – Leben und Lehre, Stuttgart 1973.

Geiger, Abraham: Das Judenthum und seine Geschichte, Breslau 1910.

Goldberg, David J.: This is Not the Way: Jews, Judaism and the State of Israel, London 2012.

Goldstein, Yossi: Ben Gurion and the Onset of War, in: Levin / Shapira (Hrsg.) 2012, 218–224.

Gross, Heinrich: Die Idee des ewigen und allgemeinen Weltfriedens im Alten Orient und im Alten Testament, Trier 1956.

Grosser, Alfred: Von Auschwitz nach Jerusalem: Über Deutschland und Israel, Reinbek 2009.

Grossmann, David: Frieden ist die einzige Option, München 2024.

Grunwald, Max: Monistische Märchen, Berlin/Wien 1921.

Heft, James L. (Hrsg.): Beyond Violence: Religious Sources of Social Transformation in Judaism, Christianity, and Islam, New York 2004.

Hentschel, Christian: Jeder Bürger Soldat. Juden und das polnische Militär (1918–1939), Leipzig 2023.

Herlitz, Georg, u. a.: Jüdisches Lexikon, 5 Bde., Berlin 1927–1930.

Hershkowitz, Isaac: Moral Considerations Relating to Criticism of the Warsaw Ghetto Uprising: Rabbinic Literature and the Just War Theory, in: Levin / Shapira (Hrsg.) 2012, 165–185.

Hertz, J. H.: Pentateuch und Haftaroth (hebr./deutsch/erl.), Berlin 1937/1938.

Ders.: The Pentateuch and Haftorahs (hebr./engl./erl.), London ²1981.

Heschel, Abraham J.: The Prophets, Philadelphia 1982.

Hirsch, Richard G.: Thy Most Precious Gift. Peace in Jewish Tradition, New York 1974.

Hirsch, Samson Raphael: Der Pentateuch (übers./erl.), Frankfurt a. M. 1920.

Ders.: Die Psalmen, 2 Teile (übers./ erl.), Frankfurt a. M. 1924.

Homolka, Walter: Leo Baeck. Jüdisches Denken – Perspektiven für heute, Freiburg i. Br. 2006.

Ders.: Getilgtes Unrecht und neues Vertrauen. Zur Einführung der jüdischen Militärseelsorge. Interview von Karin Wollschläger, in: Arbeitskreis Jüdisches Bingen (Hrsg.), Feldrabbiner im ersten Weltkrieg und Militärrabbiner in der deutschen Bundeswehr, Bingen 2021.

Homolka, Walter / Katlewski, Heinz-Peter / Bomhoff, Hartmut: Modern aus Tradition. 250 Jahre liberales Judentum, Ostfildern 2021.

Homolka, Walter / Hoppe, Juni / Krochmalnik, Daniel: Der Messias kommt nicht. Abschied vom jüdischen Erlöser, Freiburg i. Br. 2022.

Isaacs, Alick: A Prophetic Peace: Judaism, Religion and Politics, Bloomington/Indianapolis 2011.

Ders.: The Concept of Peace in Judaism. A Vessel That Holds a Blessing, in: Tamer, Georges (Hrsg.): The Concept of Peace in Judaism, Christianity and Islam, Berlin 2020, 1–44.

Jacob, Walter (Hrsg.): War and Terrorism in Jewish Law. Essays and Responsa, Pittsburgh 2010.

Jacobs, Louis: What Does Judaism Say About …?, Jerusalem 1973.

The Jewish Encyclopedia, Band 9, New York/London 1903, 565–566.

Jonas, Hans: Gnosis und spätantiker Geist, Teil 2.1: Gotterkenntnis, Schau und Vollendung bei Philo von Alexandrien, Göttingen 1966.

Kaiser, Otto / Hofmann, Sina: Studien zu Philo von Alexandrien, Berlin 2016.

Kaplan, Mordecai M.: Judaism as a Civilization. Toward a Reconstruction of American-Jewish Life, Philadelphia 1981.

Kautzsch, Emil, u. a. Die Apokryphen und Pseudepigraphen des Alten Testaments, 2 Bde., Darmstadt ⁴1975.

Keeping Posted: Reconstructionism, Jg. 27, Nr. 3, New York 1981.

Kellenbenz, Hermann: Die wirtschaftliche Bedeutung und soziale Stellung der sephardischen Juden im spätmittelalterlichen Spanien, in: Paul Wilpert (Hrsg.): Miscellanea Mediaevalia, Bd. 4, Berlin 1966.

Keller, Werner: Und wurden zerstreut unter alle Völker. Die nachbiblische Geschichte des jüdischen Volkes, München/Zürich 1966.

Kiel, Yishai: The Morality of War in Rabbinic Literature. The Call for Peace and the Limitation of the Siege, in: Levin / Shapira (Hrsg.) 2012, 116–138.

Kitts, Margo (Hrsg.): The Cambridge Companion to Religion and War, Cambridge 2023.

Kleinberg, Aviad: The Enchantment of Judaism: Israeli Anxieties and Puzzles, in: Critical Inquiry 35 (3) 2009, 611–628.

Kohler, Kaufmann: Der Segen Jacob's mit besonderer Berücksichtigung der alten Versionen und des Midrasch, Berlin 1867.

Konkordanz zum Hebräischen Alten Testament; Stuttgart 1958.

Kornfeld, Joseph S.: Judaism and International Peace. Popular Studies in Judaism, Cincinnati o. J. [1947].

Krochmalnik, Daniel: Krieg und Frieden in der jüdischen Tradition, in: Ebeling, Klaus/Werkner, Ines-Jacqueline (Hrsg): Handbuch für Friedensethik, Bd. 1, Berlin 2016.

Ders.: Krieg und Frieden in der jüdischen Tradition. Vortrag auf dem Symposion ›Gewalt und Gewaltlosigkeit in Judentum und Christentum‹, Poznań 20.–21. Mai 2024.

Krüger, Thomas: Der Weg zu einer Konzeption von Frieden ohne Kriegführung in der hebräischen Bibel, in: Meißner, Burkhard / Schmitt, Oliver / Somme, Michael (Hrsg.): Krieg – Gesellschaft – Institutionen. Beiträge zu einer vergleichenden Kriegsgeschichte, Berlin 2005, 117–134.

Landmann, Michael: Das Tier in der Jüdischen Weisung, Heidelberg 1959.

Lazarus, Moritz: Die Ethik des Judenthums, 2 Bde., Frankfurt a. M. 1904/1911.

Die Lehren des Judentums nach den Quellen: 5 Teile, Verband der deutschen Juden, Leipzig 1923–1928 (Neuausgabe hrsg. von Walter Homolka, München 1999).

Leuenberger, Martin: Konzeptionen von Frieden (und Krieg) im alten Orient und in der Hebräischen Bibel, in: Biblische Notizen 187 (2020), 15–38.

Levin, Yigal / Shapira, Amnon (Hrsg.): War and Peace in Jewish Tradition: From the Biblical World to the Present, New York 2012.

Levin, Yigal / Shapira, Amnon: Epilogue. War and Peace in Jewish Tradition – Seven Anomalies, in: Levin / Shapira (Hrsg.) 2012, 270–275.

Levy, Ze'ev: Ethical Issues of Animal Welfare in Jewish Thought, in: Judaism, Jg. 45 (1996), Heft 1, 47–57.

Long, Jeffery D. / Long, Michael G. (Hrsg.): Nonviolence in the World's Religions: A Concise Introduction, New York 2021.

Luzzatto, Samuel David: Il Pentateuco. Volgarizzata e Commentaro, V., Padova 1876.

Magonet, Jonathan: Der Friedensbegriff in der jüdischen Tradition, in: Erziehung zum Frieden (2007), 81–92.

Ders.: Frieden und Gewalt in den Quellen des Judentums, in: Mokrosch, Reinhold / Held, Thomas / Czada, Roland (Hrsg.): Religionen und Weltfrieden: Friedens- und Konfliktlösungspotenziale von Religionsgemeinschaften, Stuttgart 2013, 100–112.

Magonet, Jonathan / Homolka, Walter (Hrsg.): Das jüdische Gebetbuch (Siddur Ha'Tefila). Gebete für Schabbat, Wochentage und Pilgerfeste (Übersetzung aus dem Hebräischen von Annette Böckler), Berlin 2010.

Marx, Gustav: Die Tötung Ungläubiger nach talmudisch-rabbinischem Recht, Leipzig 1885.

Meir, Ephraim: Violence and Peace from a Jewish Perspective, in: Fernando Enns / Wolfram Weiße (Hrsg.): Gewaltfreiheit und Gewalt in den Religionen – Politische und theologische Herausforderungen, Münster/New York 2016, 277–284.

Mekilta de-Rabbi Ishmael: 3 Bde., hrsg. von Jacob Z. Lauterbach, Philadelphia 1976.

Metzler-Lexikon jüdischer Philosophen: philosophisches Denken des Judentums von der Antike bis zur Gegenwart, hrsg. von Andreas B. Kilcher und Otfried Fraisse, Darmstadt 2003.

Mischnajot: Die sechs Ordnungen der Mischna, hebr. / deutsch / erl., Basel ³1968.

Mittleman, Alan L.: Does Judaism Condone Violence? Holiness and Ethics in the Jewish Tradition, Princeton 2018.

Mollov, Ben: Ressourcen für die Friedensförderung in der politischen Tradition des Judentums, in: Mokrosch, Reinhold / Held, Thomas / Czada, Roland (Hrsg.): Religionen und Weltfrieden: Friedens- und Konfliktlösungspotenziale von Religionsgemeinschaften, Stuttgart 2013, 85–99.

Nachama, Andreas/Sievers, Jonah/Hartmann, Noga: [Tefillot lekol haschana] Jüdisches Gebetbuch: Sabbat und Werktage, Gütersloh o. J. [⁴2009].

Nestle, Wilhelm: Der Friedensgedanke in der antiken Welt, Leipzig 1938.

Newman, Louis J.: The Talmudic Anthology – Tales and Teachings of the Rabbis, New York 1978.

Nissinn, Martti: Peace and Peacemaking in the Hebrew Bible, in: Lanfranchi, Giovanni B. / Ponchia, Simonetta / Rollinger, Robert (Hrsg.): Making Peace in the Ancient World. Proceedings of the 7th Melammu Workshop, Padova 5–7 November 2018, Melammu Workshops and Monographs, Bd. 5, Münster 2022, 201–217.

Nyk, Piotr: Die Vorstellung vom endzeitlichen Krieg in Israel. Gewählte Texte aus der ausgehenden Epoche des zweiten Tempels mit Kommentar, in: Studia Judaica 7 (2004), Nr. 2 (14), 305–353.

Otto, Eckart: Krieg und Religion im Alten Orient und im alten Israel, in: Herrmann, Peter (Hrsg.): Glaubenskriege in Vergangenheit und Gegenwart, Göttingen 1996, 37–48.

Philo-Lexikon. Handbuch des jüdischen Wissens, Berlin 1935.

Plaut, W. Gunther: The Rise of Reform Judaism / The Growth of Reform Judaism, New York 1963/1966.

Plaut, W. Gunther (Hrsg.): Die Tora in jüdischer Auslegung. Band V, Dewarim / Deuteronomium, Gütersloh 2004.

Polish, Daniel F.: Just War in Jewish Thought, in: Tamer, Georges (Hrsg.): The Concept of Just War in Judaism, Christianity and Islam, Berlin-Boston 2021.

Polner, Murray/Merken, Stefan: Peace, Justice and Jews: Reclaiming Our Tradition, New York 2007.

Prijs, Leo: Hauptwerke der hebräischen Literatur, München 1978.

[Assembly of] Rabbis of the Reform Synagogues of Great Britain: Forms of Prayer for Jewish Worship I, London 1977.

Rayner, John D., u. a.: Judaism for Today, London 1978.

Rosenak, Avinoam / Isaacs, Alick: Peace, Secularism, and Religion, in: Levin / Shapira (Hrsg.) 2012, 139–164.

Rothschild, Lothar (Hrsg.): Der Gottesdienst des Herzens. Israelitisches Gebetbuch, Nürnberg 1968.

Rozenblit, Marsha L.: Reconstructing a National Identity. The Jews of Habsburg Austria during World War I, Oxford 2001.

Rosenthal, Gilbert S. / Homolka, Walter: Das Judentum hat viele Gesichter. Die religiösen Strömungen der Gegenwart, München 1999.

Sager, Dirk: Zwischen ›heiligem Krieg‹ und Friedensutopie. Alttestamentliche Einsichten, in: ZThG 20 (2015), 135–147.

Schäfer, Peter: Das aschkenasische Judentum. Herkunft, Blüte, Weg nach Osten, München 2024.

Schmid, Hans Heinrich: Frieden ohne Illusionen, Zürich 1971.

Ders.: Salôm, »Frieden« im Alten Orient und im Alten Testament, Stuttgart 1971.

Schmidl, Erwin A.: Juden in der k. (u.) k. Armee 1788–1918, Studia Judaica Austriaca XI, Eisenstadt 1989.

Serr, Marcel: Israel: Kein Frieden ohne Sicherheit, in: Blätter für deutsche und internationale Politik, X (2017), 37–40.

Steck, Odil Hannes: Friedensvorstellungen im alten Jerusalem, Zürich 1972.

Stemberger, Günter: Geschichte der jüdischen Literatur. Eine Einführung, München 1977.

Tapper, Aaron J. Hahn / Sumka, Ilana: Judaisms and Nonviolence, in:. Long, Jeffery D. / Long, Michael D. (Hrsg.): Nonviolence in the World's Religions, New York 2021, 61–87.

Thomas von Aquino: Summe der Theologie, zusammengefasst, eingeleitet und erläutert von Joseph Bernhart, Bd. 3, Der Mensch und das Heil, Stuttgart ³1985.

Union of American Hebrew Congregations: Union Prayer Book, 1922/24.

Union of Progressive and Liberal Synagogues: Services of the Heart, London 1967.

The Universal Jewish Encyclopedia Bd. 8, New York 1948, 418–421.

Vogel, Rolf: Ein Stück von uns. Deutsche Juden in deutschen Armeen 1813–1976, Mainz 1977.

Walzer, Michael: Just and Unjust Wars: A Moral Argument with Historical Illustrations, New York 1977 (auf Deutsch: Gibt es einen gerechten Krieg? Stuttgart 1982).

Ders. (Hrsg.): Law, Politics and Morality in Judaism, Princeton 2006.

Waskow, Arthur: Violence and Nonviolence in Jewish Thought and Practice, in: Merken, Stefan / Politer, Murray (Hrsg.), Peace, Justice, and Jews: Reclaiming Our Tradition, New York/Charlottetown 2007, 117–132.

Weiss, Raymond L./Butterworth, Charles E. (Hrsg.): The Ethical Writings of Maimonides, New York 1975.

Wenninger, Markus J.: Von jüdischen Rittern und anderen waffentragenden Juden im mittelalterlichen Deutschland, in: ASCHKENAS

– Zeitschrift für Geschichte und Kultur der Juden 13 (2003), Heft 1, 35–82.

Wiener, Max: Die Anschauung der Propheten von der Sittlichkeit, Berlin 1909.

Wiesel, Elie: Chassidische Feier, Wien 1974.

Wilkes, George R.: Ambivalent Normativity: Reasons for Contemporary Jewish Debate over the Laws of War, in: Langton, Daniel / Philip, Alexander (Hrsg.): Normative Judaism? Jews, Judaism and Jewish Identity, Piscataway/NJ 2012.

Ders.: Religious War in the Works of Maimonides: An Idea and Its Transit across the Medieval Mediterranean, in: Sohail H. Hashmi (Hrsg.): Just Wars, Holy Wars and Jihads, Oxford/New York 2012, 146–164.

Wünsche, August: Der Jerusalemische Talmud in seinen haggadischen Bestandteilen, Hildesheim 1967.

Zemer, Moshe: Jüdisches Religionsgesetz heute. Ein moderner Blick auf traditionelle Quellen. Bearbeitet und aus dem Hebräischen übersetzt von Anne Birkenhauer. Neuausgabe mit einer Einleitung von Walter Homolka, Freiburg i. Br. 2021.

Anmerkungen

1. Vgl. Thomas von Aquino, ed. Joseph Bernhart ³1985, 187–192.
2. Homolka 2021, 100–103; vgl. Jacob 2010, 77–108.
3. Mendelssohn 1843, 365–367.
4. Berger/Römer-Hillebrecht (Hrsg.) 2009, 23.
5. Vgl. Vogel 1977.
6. Homolka 2021, 101.
7. Vgl. Schmidl 1989, 28f.; Rozenblit 2001, Appelbaum 2021.
8. Vgl. Hentschel 2023.
9. Ebach 2014, 105f.; vgl. Otto 1996,43–47.
10. Kaiser/Hofmann 2016, 66.
11. Siehe Elßner 2008.
12. Vgl. Polish 2021, 21, und Elßner 2008, 129–137, 143–149.
13. Vgl. Bleich 1983.
14. Plaut 2004, 231.
15. Krochmalnik 2016, 191–202.
16. Bamberger 1922, 561.
17. »The normalization of the morality of war into the accepted halakhic standards is a special feature of Maimonides' established and systematic doctrine« (Kiel 2012, 133). Vgl. Elßner 2008, 169–197.
18. Krochmalnik 2016.
19. Krochmalnik 2024.
20. Kellenbenz 1966, 100. – Wenninger nennt Ausnahmen schwertführender Juden als Berufskrieger im mittelalterlichen Deutschland: Wenninger 2002.
21. Zit. nach Walzer 1996, 155f. (Übersetzung des Autors); vgl. Luzzatto 1876, 157. Zur Bedeutung von Deuteronomium 20 als Text zur Zähmung des Krieges und Ächtung von Kriegsverbrechen vgl. Sager 2015, 145 und Crüsemann 1992, 286.
22. Vgl. Nissinen 2022; Eisen 2011; Isaacs 2011.
23. Bammel 1957, 20.

24 Numeri 10,35; 1. Samuel 4,3f.; vgl. Bammel 1957, 42.
25 Vgl. Numeri 33,51ff.; Deuteronomium 12, 2–3.29–31; 13,7–17; 17,2–5.9–14.
26 Josua 10 ist keine historische Schilderung der Ereignisse, da wir ebenfalls aus der Bibel wissen, dass Jerusalem durch König David von den Jebusitern erobert wurde. Eine generelle Diskussion des Verhältnisses des Buches Josua und der Richterbücher s. Fohrer 1980, 61–63.
27 Vgl. Steck 1972, 26.
28 Zu Genesis 49, 5–7 vgl. Hertz ²1982, 129 [Kommentar zur Stelle] und Kohler 1867, 34ff.
29 Zu »shalom« vgl. Encyclopaedia Judaica Bd. 13, Spalte 194; vgl. Davidson, Benjamin: The Analytical and Chaldee Lexicon, London 1970, 720f.; Leuenberger 2020, 17.
30 Vgl. Schmid, Stuttgart 1971, 58.
31 Vgl. zum Folgenden Steck 1972, 27–29.
32 Vgl. Psalm 34,15; 37,11; 14; 15, 37–40; Fries 1970, 45.
33 Deuteronomium 20,10–14; Schmid, Stuttgart 1971, 103f.; Steck 1972, 25.
34 Schmid, Stuttgart 1971, 61.
35 Vgl. Marx 1885; Universal Jewish Encyclopedia Bd. 8, 419.
36 Vgl. Schmid, Stuttgart 1971, 61.
37 Vgl. Steck 1972, 14f.
38 Vgl. Schmid, Stuttgart 1971, 61; Kaplan 1981, 4: »Covering the period of the national life of Israel, the Bible naturally reflects the popular viewpoint of the contemporary nations which does not differ materially from that of the most modern nations. Not unlike other nations of antiquity, the mass of Israel believed that national security rests in armies and armaments. Only the highsouled prophets proclaimed, ›Not by might, nor by power, but by My spirit, saith the Lord‹ (Zech. 4:6). But with the destruction of Israel's statehood this prophetic ideal became the conviction of the people, so that from time on peace may well be regarded as a constant element in Jewish thought.«

39 Zum Tierfrieden siehe Gross 1956, 83–93; Landmann 1959; Levy 1966.
40 Vgl. Steck 1972, 50.
41 Vgl. Steck 1972, 53.
42 Vgl. Schmid, Stuttgart 1971, 63.
43 Steck 1972, 61.
44 Vgl. Gross 1956, 97–101.
45 Zur Konzeption von Frieden ohne Kriegsführung siehe Krüger 2005.
46 Heschel 1982, 183f.: »Into a world fascinated with idolatry, drunk with power, bloated with arrogance, enters Isaiah's word that nations will search for gold, power or harlotries, but for God's word. […] Passion for war will be subdued by a greater passion: the passion to discover God's ways.«
47 Vgl. Jeremia 27,8. 11.12. 17; 38, 2.17.
48 Vgl. Schmid, Stuttgart 1971, 64–68.
49 Vgl. Jeremia 14,13; 23,17; 27,9.14.16.
50 Vgl. Jeremia 6,14; 8,11; Ezechiel 13,10.16.
51 Vgl. Schmid, Stuttgart 1971, 64–68.
52 Vgl. Jesaja 48, 18; Ankündigung der Heimkehr durch Jeremia 29,10.11; 33, 6; Ezechiel 37, 25–26.
53 Vgl. Jesaja 45, 7; vgl. Psalm 128, 5.6.
54 Vgl. dazu Jesaja 41, 17–20;43, 16–21; 49,8–13; 52, 4; 55, 12f. (= Deuterojesaja).
55 Vgl. Jesaja 40, 21; 41, 26ff.; 46,9ff.; 48,5ff. 16.
56 Vgl. Jesaja 40, 12–18, 21–26; 41, 21–29; 43, 8–13; 44, 6–8.
57 Vgl. Jesaja 52, 6.7; 54, 10.13f.; 55,12; Psalm 119,165.
58 Vgl. Jesaja 52,1.2; Psalm 122, 6.7.8;
59 Vgl. Sacharja 8, 9–13; 9, 16.
60 Vgl. Haggai 2, 6–9.
61 Wiener 1909, 122.
62 Vgl. Jesaja 60,14–18; 66; Joel 4; Micha 4,11–13.
63 Vgl. Jesaja 57, 19; zum Universalismus der Prophetie siehe Cohen 1900, 90f.

64 Vgl. Jesaja 57,21; 48,22; vgl. Jesaja 59, 8; Psalm 147,10.11.
65 Vgl. Borowitz, 1978 Bd. I, 85–95.
66 Schmid, Zürich 1971, 36, vgl. auch ders, Stuttgart 1971, 73ff.
67 Vgl. Blau, Ludwig: Das altjüdische Zauberwesen, Graz 1974.
68 Vgl. Ezechiel 37,25–28; Micha 5, 1ff.; Sacharja 9, 9 (der Esel war zu jener Zeit das Transportmittel des Edlen und Angesehenen).
69 Schmid, Zürich 1971, 39.
70 Vgl. Gross 1956, 148–153; 169; Mittleman 2018, 28–55.
71 Die Lehren des Judentums nach den Quellen: 5 Teile, Verband der deutschen Juden, Leipzig 1923–1928, Teil 3, 227.
72 Gross 1956, 170.
73 Vgl. Rost 1971, 22.
74 Vgl. Herlitz u. a.: Jüdisches Lexikon IV, Sp. 1168–1173.
75 Vgl. Rost 1971, 50, und Elßner 2008, 22–50.
76 Hier und im Folgenden zitiert nach Kautzsch u. a. ⁴1975.
77 Zitiert nach Kautzsch u. a. ⁴1975 II, 17.
78 Zit. nach Die Lehren des Judentums nach den Quellen III, 218. Sibyllinische Bücher: entstanden zwischen 140 v. d. Z. und 80 n. d. Z., eine hellenistische Schrift jüdischen Ursprungs mit großem Einfluss auf das griechische Denken, da gerade dort die Friedenssehnsucht aufgrund der hundertjährigen römischen Revolution (133–31 v. d. Z.) stark gewachsen war.
79 Die syrische Baruch-Apokalypse wird um 70 n. d. Z. datiert; hier zitiert nach ⁴1975 II, 439f.
80 Philo, De opificio mundi I, 81, Philonis Opera ed. Coh.-Wendland, 1896: 28, zitiert nach Bammel 1957, 250.
81 Philo, De virtutibus [de caritate], M. II., Philonis Opera ed. Coh.-Wendland, 1896, 119; zit. nach Die Lehren des Judentums nach den Quellen III, 219.
82 Philo, De praemiis et poenis, M. II 423, Philonis Opera ed. Coh.-Wendland, 1896, 91/92; zit. nach Die Lehren des Judentums nach den Quellen III, 219.
83 Vgl. Philo-Lexikon, Sp. 558.

84 Vgl. Philo, De vita Mosis II, 5; vgl. Eichhorn 1965, 37.
85 Flavius Josephus, Contra Apionem II, 16, zit. nach Die Lehren des Judentums nach den Quellen 1, 37f.
86 »Die Priester der anderen Völker pflegten nur für ihre Angehörigen, Freunde und Mitbürger die Gebete und Opfer zu verrichten, der jüdische Hohepriester dagegen spricht seine Bitt- und Dankgebete nicht nur für das ganze Menschengeschlecht, sondern auch für Teile der Natur, Erde, Wasser, Luft und Feuer; denn die ganze Welt betrachtet er als sein Vaterland, wie sie es ja auch in Wirklichkeit ist, und für sie erfleht er in innigem Gebete die Gnade des Meisters, den er bittet, von seiner Milde und Güte dem Erschaffenen mitzuteilen«; Philo: de specialibus legibus I [de monarchia II], M. I 227, Philonis Opera ed. Coh.-Wendland, 1896, 97; zit. nach Die Lehren des Judentums nach den Quellen IV,93). Zu Philos Lehre vgl. auch: Jonas 1966.
87 Flavius Josephus, Antiquitates 14,2; übersetzt nach der Zitation in The Universal Jewish Encyclopedia Bd. 8, 419.
88 »Nothing so much damps the force of strokes as bearing them with patience; and the quietness of those who are injured diverts the injurious person from afflicting« (Flavius Josephus, De bello Judaico, lb 2, 16, 4; übersetzt nach der Zitation in The Universal Jewish Encyclopedia Bd. 8, 419.
89 Keller 1966, 80.
90 Mischna: mündliche Lehre; kanonische Sammlung des Gesetzesschrifttums, kommentiert durch die Gemara, bildet mit dieser zusammen den Talmud. Besonders der Babylonische Talmud hat breite Anerkennung gefunden und ist bis heute Basis eingehender Studien und Auslegungen. Unter ›Talmud‹ schlechthin wird stets der Babylonische verstanden, ›Babli‹. ›Jeruschalmi‹ ist der Jerusalemer Talmud.
91 Zur Einführung in die jüdische Literatur vgl. Prijs 1978 und Stemberger 1977.
92 Zit. in The Universal Jewish Encyclopedia Bd. 8, 419.

93 Pesikta Rabbati 35; zit. in The Universal Jewish Encyclopedia Bd. 8, 420; vgl. M Edujot 8,7; zit. in Encyclopaedia Judaica: Bd. 13,197.
94 Zit. in The Universal Jewish Encyclopedia Bd. 8, 419.
95 Vgl. Newman 1978, 312; The Universal Jewish Encyclopedia Bd. 8, 419.
96 Vgl. Perek Haschalom, Numeri Rabba 21,1; zit. in Newman 1978, 314.
97 Vgl. M Ukzin III, 12 (Mischnajot: Die sechs Ordnungen der Mischna, VI,676); an dieser Stelle wird der Ausspruch eines älteren, angesehenen Weisen gegen den Brauch erst nach dem jüngeren Josua ben Levi genannt, nur um die Mischna mit einem Wort des Friedens schließen zu können.
98 Schir Haschirim Rabba 3,30 (zit. in Newman 1978, 314). Alle hier aufgeführten Ereignisse werden im Buch Genesis geschildert. Ich halte dies für einen direkten Bezug auf den ursprünglichen Friedenszustand vor dem Aufenthalt in Ägypten; vgl. dazu Numeri Rabba 2: »Bedenke den großen Wert des Friedens. Frieden war der Lohn, den Abraham für seinen Glauben und seine Gerechtigkeit erhielt. Er war alles, wofür Jakob gebetet hat« (zit. in: Kornfeld [1947], 9f.).
99 Zit. in The Universal Jewish Encyclopedia Bd. 8, 419.
100 Perek Haschalom: »Groß ist der Friede, denn als Israel sagte: ›Alle Worte, die der Herr geredet hat, wollen wir tun‹ (Exodus 24,3), freute sich Gott über sie, gab ihnen die Tora und segnete sie mit Frieden« (zit. in The Universal Jewish Encyclopedia Bd. 8, 419); vgl. auch Kinjan Tora 7 und Pesikta de Rab Kahana 12 (105b).
101 Zit. in Encyclopaedia Judaica: Bd. 13,197; vgl. Jeruschalmi Berachot 60b: »Rabbi Eleasar sagte im Namen des Rabbi Chanina: Die Schüler der Weisen verbreiten Frieden in der Welt.« Vgl. Jesaja 54,13.
102 Mischnajot: Die sechs Ordnungen der Mischna IV, 330.
103 Mischnajot: Die sechs Ordnungen der Mischna, IV, 362.
104 Jüdisches Lexikon V, Sp. 1122.

105 Vgl. Borowitz 1978, I, 42–49.
106 Mischnajot: Die sechs Ordnungen der Mischna IV, 349.
107 Newman 1978, 319.
108 The Universal Jewish Encyclopedia Bd. 8, 419.
109 Vgl. Newman 1978, 314.
110 Zit. in Encyclopaedia Judaica: Bd. 13, 194f.
111 Zit. in Newman 1978, 315.
112 Numeri Rabba 11,16: »Groß ist der Friede, denn Gott ließ seinen Namen, obwohl in Heiligkeit geschrieben, im Wasser auslöschen, um den Frieden zwischen Mann und Frau zu erhalten« (vgl. die Verordnung über die Frau, die des Ehebruchs verdächtigt wird, Numeri 5,12. Der Priester musste den Gottesnamen auf Pergament im ›bitteren Wasser‹ löschen) (zit. in Newman 1978, 313); Jeruschalmi Sota 1:4, 16d (zit. in Encyclopaedia Judaica: Bd. 13, 197).
113 Vgl. The Universal Jewish Encyclopedia Bd. 8, 419.
114 Vgl. Tosefta Jebamot 1,3; zit. in Newman 1978, 312.
115 Mischnajot: Die sechs Ordnungen der Mischna IV, 345.
116 Vgl. The Universal Jewish Encyclopedia Bd. 8, 420.
117 Mischnajot: Die sechs Ordnungen der Mischna IV, 345.
118 Newman 1978, 312; The Jewish Encyclopedia, Band 9, 566.
119 Newman 1978, 312.
120 Pirke Awot IV, 19: »Samuel der Kleine spricht: Wenn dein Feind fällt, freue dich nicht, und wenn er strauchelt, frohlocke nicht dein Herz; der Ewige könnte es sehen und es missfiele ihm, er wendet von ihm seinen Zorn« (Mischnajot: Die sechs Ordnungen der Mischna IV, 349).
121 The Universal Jewish Encyclopedia Bd. 8, 420.
122 Levinson 1982.
123 Newman 1978, 313.
124 Zit. nach Newman 1978, 316 (Übersetzung des Autors).
125 The Jewish Encyclopedia, Band 9, 566.
126 Newman 1978, 312.
127 Frankel 1846, 90.
128 Mischnajot: Die sechs Ordnungen der Mischna IV, 331.

129 Wünsche 1967, 153.

130 Mischnajot: Die sechs Ordnungen der Mischna IV, 357.

131 Vgl. Jerusalem 1917.

132 Vgl. Newman 1978, 312; vgl. Jebamot 65b, zit. in The Jewish Encyclopedia, Band 9, 566.

133 The Universal Jewish Encyclopedia Bd. 8, 419.

134 Vgl. Kiel 2012, 233. Zur Zentralität der prophetischen Friedensvorstellungen für das jüdische Verständnis siehe Isaacs 2020, 36–37.

135 Solomon 2005, 297f.

136 Zur Parusieverzögerung im Judentum siehe Hoppe, Juni: Der Messias – Vom Realis zum Irrealis, in: Homolka u. a. 2022, 55–59.

137 Zit. in Levi ³1980, 268.

138 Zit. in Encyclopaedia Judaica: Bd. 13, 197.

139 Newman 1978, 314.

140 The Universal Jewish Encyclopedia Bd. 8, 419; Newman 1978, 314.

141 Levitikus Rabba 9,9: »Groß ist der Frieden, dann alle Segnungen sind in ihm enthalten«; zit. in The Universal Jewish Encyclopedia Bd. 8, 419.

142 Nachama u. a. ⁴2009, 74.

143 Brandt 1981, 128; vgl. auch Der Gottesdienst des Herzens [1968], 178.

144 Zit. in The Universal Jewish Encyclopedia Bd. 8, 419.

145 Brandt 1981, 46; das Äquivalent für die Feiertage lautet: »Verleihe uns, Ewiger, unser Gott, nach Deiner gnadenreichen Verheißung den Segen Deiner Festeszeiten, dass sie unserem Leben Weihe und Frieden bringen …« (Brandt 1981, 42).

146 Brandt 1981, 36.

147 Gittin 57b (The Universal Jewish Encyclopedia Bd. 8, 419).

148 Grunwald 1921, 155f.

149 Nestle 1938, 57f.

150 Schäfer 2024, 353.

151 Philo-Lexikon, Sp. 615.

152 Encyclopaedia Judaica: Bd. 13, 198 mit Verweis auf Saadia ben Josef, Emunot we-Deot (Glaubenslehren und -ansichten) 7,10.

153 Vgl. Encyclopaedia Judaica: Bd. 13, 198.
154 Brandt 1981, 4.
155 Vgl. Homolka u. a. 2022.
156 Vgl. z. B. Isaak Aboabs Menorat Hamaor 2: 7,61–65 (Encyclopaedia Judaica: Bd. 13, 198).
157 Zu den Zitaten vgl. Die Lehren des Judentums nach den Quellen I, 20.21,163.
158 Vgl. Die Lehren des Judentums nach den Quellen II, 190.
159 Joseph Albo, Sefer ha-Ikkarim I, 25; zit. in Die Lehren des Judentums nach den Quellen I, 21.
160 So auch noch heute, vgl. dazu ›Die Pessach-Haggada-Erzählung von dem Auszuge Israels aus Ägypten an den beiden ersten Pessach-Abenden‹, übers. von W. Heidenheim, Basel o. J.
161 Encyclopaedia Judaica: Bd. 13, Sp. 198.
162 Vgl. Sefer ha-Ikkarim 4,51; zit. in Encyclopaedia Judaica: Bd. 13, 198.
163 Siehe Isaacs 2020, 39–40.
164 Wiesel 1974, 219.
165 Zit. nach Buber 2016, 105
166 Zit. nach Buber 2016, 118.
167 »Die ganze Welt ist voll von Schätzen; man hat kein Recht, sie zu verachten. – Was ich in Mesritsch gelernt habe? Ganz einfach, dass die Thora dem Menschen gegeben wurde, um das Leben zu preisen und alle Dinge, die das Leben lebenswert machen« (Rabbi Abraham Kalisker, zit. nach Wiesel 1974, 60).
168 »Wer über sich selbst hinauswachsen möchte, kann das nur durch den anderen, mit dessen Hilfe und indem er sich selbst hilft. Würden alle Kinder Israels einander die Hände reichen, dann könnten sie eine Kette bilden und den himmlischen Thron berühren« (Der Maggid von Koschnitz, zit. nach Wiesel 1974, 123).
169 Zit. nach Wiesel 1974, 169.
170 Vgl. Dubnow ²1971 III, 25, 268f; Zar Nikolaus I. führte 1827 das Kantonistensystem ein, die aufgezwungene Aushebung jüdischer Jugendlicher zwischen 12 und 25 Jahren in die russische Armee.

171 Vgl. Encyclopaedia Judaica: Bd. 13, Sp. 199.
172 Zit. nach Wiesel 1974, 51.
173 Vgl. Philo-Lexikon Sp. 453–454.
174 Vgl. Lazarus 1904/1911 I, 178ff.
175 Lazarus 1904/1911 II, 365.
176 Lazarus 1904/1911 II, 342ff.
177 Cohen [1919] 1978, 515–533.
178 Cohen 1910, 58.
179 Cohen [1919], 1978, 520f.
180 Vgl. Cohen 1910.
181 Vgl. Cohen [1919] 1978, 521f.
182 Cohen [1919] 1978, 552.
183 Vgl. Cohen [1919] 1978, 524f., 529.
184 Cohen [1919] 1978, 529.
185 Vgl. Cohen [1919] 1978, 531–534.
186 Vgl. Cohen [1919] 1978, 523.
187 Geiger 1910, 139.
188 Vgl. zur Geschichte und zum Wirken des Reformjudentums: Plaut 1963/1966, Homolka u. a. 2021.
189 Vgl. Homolka u. a. 2021, 37.
190 Homolka u. a. 2021, 39.
191 Hirsch 1924 I, 331f.
192 Hirsch ³1921, 161.
193 Hirsch 1924 II, 245.
194 Hirsch 1924 I, 189.
195 Hirsch ³1921, 155f.
196 Zur Einführung in Leben und Denken von Leo Baeck: Friedlander 1973, Homolka 2006, Homolka u. a. 2021, 77–92.
197 Baeck [1905] o. J., 90.
198 Die Lehren des Judentums nach den Quellen III, 212.
199 Die Lehren des Judentums nach den Quellen III, 213; vgl. Borowitz 1978 III, 97–100.
200 Baeck [1905] o. J., 158; 210.
201 Baeck [1905] o. J., 236.

202 Baeck [1905] o. J., 239.
203 Die Lehren des Judentums nach den Quellen III, 213.
204 Baeck [1905] o. J., 245.
205 Baeck [1905] o. J., 257.
206 Baeck [1905] o. J., 257f.
207 Baeck [1905] o. J., 280.
208 Baeck [1905] o. J., 281.
209 Vgl. Cohen 1924: ›Das Problem der jüdischen Sittenlehre. Eine Kritik von Lazarus' Ethik des Judentums‹.
210 Zit. in The Universal Jewish Encyclopedia Bd. 8, 420.
211 Rayner 1978, 95.
212 »Grant us peace, Thy most precious gift, O Thou eternal source of peace, and enable Israel to be the messenger of peace unto the peoples of the earth. Bless our country that it may ever be a stronghold of peace and the advocate of peace in the councils of nations … Praised be Thou, O Lord, Giver of Peace«, zit. nach Abraham Cronbach, Encyclopaedia Judaica: Bd. 13, Sp. 199; The Universal Jewish Encyclopedia Bd. 8, 421 (Übersetzung des Autors). – 1967 später heißt es in ›Services of the Heart‹ der Union of Liberal and Progressive Synagogues of Great Britain, »Möge es Dein Wille sein, dass Krieg und Blutvergießen von der Erde vergehen und dass ein großer und herrlicher Friede über die ganze Welt herrscht. Lass alle, die auf der Erde wohnen, die grundlegende Wahrheit erkennen und verstehen, dass wir nicht für Streit und Zwietracht, Hass und Neid, Habgier und Blutvergießen auf diese Welt gekommen sind, sondern einzig, um Dich zu erkennen und zu verstehen, der Du auf ewig zu preisen bist. Lass Deine Herrlichkeit unseren Verstand und unser Herz erfüllen. Lehre uns, unsere Fähigkeiten und unseren Verstand so zu gebrauchen, dass Deine Gegenwart durch uns einziehen kann, um auf der Erde zu wohnen, und dass Deine Macht und der Glanz Deines Reiches der ganzen Menschheit bekannt werden. Amen« (S. 282, Übersetzung des Autors).
Mit ›Forms of Prayer of Jewish Worship‹ der Reform Synagogues of Great Britain von 1977 wird auf Deutsch gebetet: »Herr, wir

danken Dir für Deine Gabe der Hoffnung, unsere Kraft in schweren Zeiten. Jenseits der Ungerechtigkeit unserer Zeit, ihrer Grausamkeit und ihrer Kriege, erkennen wir eine Welt des Friedens, in der die Menschen einander lieben und sich niemand fürchtet. Jede unserer schlechten Taten rückt jene herrliche Zukunft in weitere Ferne, jede gute Tat bringt sie näher. Möge unser Leben von Dir zeugen, so dass spätere Geschlechter uns dafür preisen. Möge der Tag kommen, an dem, wie unsere Propheten lehrten, ›die Sonne der Gerechtigkeit mit Flügeln des Heils aufgehen wird‹. Hilf uns, dafür zu beten, darauf zu warten, dafür zu arbeiten und dessen würdig zu sein. Gelobt seist Du, unser Herr, die Hoffnung Israels. Amen« (Brandt 1981, 62).

In ›Das jüdische Gebetbuch‹ von 2010 heißt es schließlich: »Wir preisen dich, Gott, du schlichtest Streit, du überwindest Hass und du schaffst Harmonie zwischen allen Geschöpfen der Erde. Wir loben dich, unsichtbarer Gott, du bindest alle Menschen durch das unsichtbare Band der Hilfsbereitschaft und der Liebe zusammen. Wir ehren dich, Ursprung des Lebens, du hast uns von einem Lebensstil befreit, der von Grausamkeiten bestimmt war, und hast uns eine Lebensweise gelehrt, die durch Freundlichkeit geprägt ist. Wir beten dich an, du hast uns Bescheidenheit gelehrt und Achtung selbst vor den allerkleinsten Geschöpfen. Wir preisen dich, Quelle des Friedens, lobenswert und prachtvoll ist dein Name, denn Friede ist das Tor zu unserer Vollkommenheit, und Vollkommenheit ist unsere Ruhe. Gott, öffne unsere Augen für die Schönheit der Welt und ihren Wert. Mache uns zu Wegbereiterinnen und Wegbereitern deines Friedens, der alle Lebewesen zusammenbindet: die Eltern und Kinder durch Liebe, Freundinnen und Freunde durch Treue, Menschen und Tiere durch Freundschaft« (Magonet / Homolka 2010, 19).

213 Brandt 1981, 124.
214 »… that this conference declare that henceforth it stands opposed to all war, and that it recommend to all Jews that, for the sake of conscience, and in the name of God, they refuse to participate in

the bearing of arms. [...] The Central Conference of American Rabbis recommend to its members that they refuse to support any war in which this country or any other country may engage, on the ground that war is a denial of all for which religion stands.« Abstimmungsergebnis: 91 »ja«, 32 »nein«, 31 »ja, mit Einschränkung«. Resolution von 1936: »The Central Conference of American Rabbis reaffirms its conviction that conscientious objection [Wehrdienstverweigerung] to military service is in accordance with the highest interpretation of Judaism and therefore petitions the Government of the United States to grant Jewish religious conscientious objectors to war the same exemption from military service as has long been granted to members of the Society of Friends and similar religious organizations.« Dokumentiert in The Universal Jewish Encyclopedia Bd. 8, 420–421.

215 Zit. in Cohon [1943] o. J., 26: »Judaism, from the days of the prophets, has proclaimed to mankind the ideal of universal peace. The spiritual and physical disarmament of all nations has been one of its essential teachings. It abhors all violence and relies upon moral education, love and sympathy to secure human progress. It regards justice as the foundation of the well-being of nations and the condition of enduring peace. It urges organized international action for disarmament, collective security and world peace.« Vgl. Hirsch 1974, 50ff.; Dresner 1966, Jacobs 1973, 228–230. Auch die jüngste Strömung innerhalb des Judentums, Reconstructing Judaism, knüpft an das Friedenspostulat der Tradition an und setzt sich vor allem für die aktive Friedensarbeit ein, vgl. besonders Kaplan 1981 und Keeping Posted: Reconstructionism, Jg. 27, Nr. 3, New York 1982.

216 Zit. in Brandt 1981, 66; Assembly of Rabbis of the Reform Synagogues of Great Britain: Forms of Prayer for Jewish Worship I, 83.

217 Vgl. Engelking/Leociak 2001.

218 Zitiert nach Aryeh-Leib Kalish, Art. Zemba, Menahem, in: Encyclopaedia Judaica 21, 506 (Übersetzung des Autors). Zur halachischen Diskussion vgl. Hershkowitz 2012.

219 Solomon 2005 [Anm. 215], 305; zum Friedenskonzept von Rabbiner Abraham Isaac Kook siehe: Isaacs 2020, 37–39.
220 Hans-Michael Haußig, Art. Zwi Hirsch Kalischer, in: Metzler-Lexikon jüdischer Philosophen, 224f.
221 Vgl. Fraser 2021, 65.
222 Zit. nach Encyclopaedia Judaica 13, 354: »One of the greatest cultural duties of the Jewish people is the attempt to enter the promised land, not by means of conquest as Joshua, but through peaceful and cultural means, through hard work, sacrifices, love and with a decision not to do anything which cannot be justified before the world conscience.«
223 »IDF servicemen and women will use their weapons and force only for the purpose of their mission, only to the necessary extent, and will maintain their humanity even during combat. IDF soldiers will not use their weapons and force to harm human beings who are not combatants or prisoners of war, and will do all in their power to avoid causing harm to their lives, bodies, dignity and property.« https://www.idf.il/en/mini-sites/our-mission-our-values/ (aufgerufen am 20. Sept. 2024). – Deutsche Übersetzung zitiert nach Krochmalnik 2024.
224 Palestine Cooperation. Appeal Made to Jews to Work for Goal of Common Welfare, in: New York Times, 18. April 1948. Teil 4, 8: »We believe that any constructive solution is possible only if it is based on the concern for the welfare and cooperation of both Jews and Arabs in Palestine. (…) The undersigned plead with all Jews to focus on the one important goal: the survival and permanent development of the Jewish settlement in Palestine on a peaceful and democratic basis, the single one which secures its future in accordance with the fundamental spiritual and moral principles inherent in the Jewish tradition and essential for the Jewish hope« (Übersetzung des Autors).
225 Zit. Nach Polish 2021, 32: »The Torah of Israel teaches us, and its prophets inculcate in us, that we do not separate between those who carry the flag of morality and spirit and those who carry the

flag of physical liberation, even by means of war and conquest. All the great ones of Israel, its teachers, and its spiritual leaders in ancient times, integrated in their souls power and spirit together. The men of spirit also provided an example of independent courage in fighting on the battlefields against the enemies of Israel and its oppressors. This integration of the sword and the book is a continuous thread in Jewish history, not just in the period of the Bible, but also afterwards in the period of the Hasmoneans and after the destruction of the Second Temple in the period of the second revolt in the days of Bar Kochba, R. Akiva, R. Simeon bar Yohai and his friends« (Übersetzung des Autors).

226 Polish 2021, 32f. »For if we are attacked by an enemy, there is certainly no need for any authority to respond with war that has arisen in order to defend ourselves, nor is it about this matter that there is need to prove that [it is a defensive war] is in effect also at the present time, for the Torah story has said, ›if someone comes to slay you, slay him first‹ (Berakhot 58 and parallel sources). And the Torah did not differentiate between the time of the Temple and the present time, nor between saving many people and saving the individual, for whoever can save [another] must save [him] because of ›do not stand idly by the blood of your fellow‹ as we have explained several times …«; zitiert nach Eisen 2017, 93.

227 https://www.idf.il/en/mini-sites/our-mission-our-values/ (aufgerufen am 20. Sept. 2024): »Defense of the State, and its residents – The purpose of the IDF is to protect Israel and its independence and ensure the security of its residents.

Patriotism and loyalty to Israel – patriotism and commitment and devotion to the State of Israel and its people are at the very core of service in the IDF.

Human Dignity – the IDF and our soldiers are obligated to protect human dignity. Every individual is of inherent value, regardless of their ethnicity, religion, nationality, gender or status.

Statehood – The IDF is the people's army, the State of Israel's military, subject to the law and government of the State of Israel. IDF soldiers will operate with their mission, the IDF's values and the security of Israel as their priority. They will operate with integrity, practicality and presentably« (Übersetzung des Autors).

228 Kleinberg 2009, 618: »Jews were fighting the wars of the Lord in the synagogues and in the religious academies. All that had now changed. Like secular Zionists, religious Zionists were fascinated with physical power, but they added to it a religious aura. The IDF was an instrument of God and war […] was a privileged expression of the Holy Nation's march through history« (Übersetzung des Autors).

229 Elliott N. Dorff 2012, 661 (Übersetzung des Autors). Zur halachischen Rechtfertigung von Kriegsführung des Staates Israel vgl. Neumann 2012.

230 Vgl. Grosser 2009.

231 Download-Link der Rede: https://www.friedenspreis-des-deutschen-buchhandels.de/alle-preistraeger-seit-1950/1990-1999/amos-oz (aufgerufen am 20. Sept. 2024); zu einer kritischen Würdigung des Zionismus und seiner Perspektiven siehe Goldberg 2012.

232 Rabin bei der Tel-Aviv Peace Rally, 4. Nov. 1995:
https://www.myjewishlearning.com/article/yitzhak-rabins-final-speech/ (aufgerufen 20. Sept. 2024) »I was a military man for 27 years. I fought so long as there was no chance for peace. I believe that there is now a chance for peace, a great chance. We must take advantage of it for the sake of those standing here, and for those who are not here — and they are many. I have always believed that the majority of the people want peace and are ready to take risks for peace. In coming here today, you demonstrate, together with many others who did not come, that the people truly desire peace and oppose violence. Violence erodes the basis of Israeli democracy. It must be condemned and isolated« (Übersetzung des Autors).

233 Tel Aviv 1993. Bearbeitete deutschsprachige Ausgaben: Neukirchen-Vluyn 1999, Freiburg i. Br. 2021.

234 Zemer 2021, 230f., vgl. Maimonides, Eight Chapters, in: Weiss/Butterworth (Hrsg.), 1975, 82.

235 Zemer 2021, 231.

236 Reuven Kimelman, Judaism and the Ethics of War, in Kitts (Hrsg.) 2023, 215–240, hier 228 (Übersetzung des Autors).

237 Wilkes 2012, 66–81.

238 Wilkes 2012, 78f.: »The burgeoning body of literature on Jewish approaches to war asserts that, because of this, there is a need for renewed debate over Jewish approaches to war, and in spite of this, Jewish norms must apply to war.«

239 Vgl. dazu in diesem Band die Bibliografie: Bleich 1977–1989; Walzer (Hrsg.), 2006; Polner/Merken, 2007.

240 Walzer 1977, 168.

241 Zu pazifistischen Stimmen des 20. Jahrhundert siehe Mollov 2013, 89–94; Tapper / Sumka 2022, 68–77; vgl. Jacob 2010, 1–12.

242 Vgl. Levin / Shapira 2012, 270–275.

243 Serr 2017, 37; vgl. Jacob 2010, 13–50.

244 Finger 2023.

245 Benhabib 2023.

246 Benhabib 2023; zur israelischen Staatsgründung und der Koexistenz mit der arabischen Bevölkerung vgl. Goldstein 2012.

247 https://www.amnesty.de/informieren/amnesty-journal/israel-getoetete-aktivisten-hamas-mordet-aktive-fuer-frieden (aufgerufen am 20. Sept. 2024).

248 Vgl. Grossmann 2024.

Zum Autor

Dr. Walter Homolka, geb. 1964, ist Rabbiner und Professor für Jüdische Religionsphilosophie der Neuzeit mit Schwerpunkt Jüdische Denominationen und Dialog der Religionen an der School of Jewish Theology der Universität Potsdam. Der Chairman der Leo Baeck Foundation ist Mitglied des Wissenschaftsrats der Eugen-Biser-Stiftung, München. Er ist Oberst der Reserve der Bundeswehr.

Die komplette Philippson-Bibel – drei Bände in hochwertigem Schmuckschuber zum Sonderpreis

3388 Seiten
Gebunden im Schuber
ISBN 978-3-451-39036-4

Die »Israelitische Bibel« des Rabbiners und Philosophen Ludwig Philippson (1811-1889) prägte das jüdische Leben des 19. und beginnenden 20. Jahrhunderts. Eine eigenständige und einzigartige Übersetzung, die Wortwahl und Klangfarbe des hebräischen Originals lebendig in einen flüssigen deutschen Sprachstil überträgt. Die dreibändige Ausgabe enthält die fünf Bücher Mose und die Prophetenlesungen für die Sabbat- und Festtage (Band 1), die Propheten (Band 2) sowie die Schriften (Band 3). Von neuem wird Ludwig Philippsons Anliegen lebendig, eine allgemein zugängliche jüdische Bibelübersetzung für Haus-, Schul- und Synagogengebrauch zu veröffentlichen.

In jeder Buchhandlung!

HERDER

www.herder.de